AF346618

NOTICE
SUR LA MORT

ET LES CHANCES ALÉATOIRES

QUI SERVENT DE BASE

AUX OPÉRATIONS

DE LA

BANQUE PHILANTHROPIQUE,

AU COMPTOIR DE

LA FRANCE DÉPARTEMENTALE,

REVUS ET CORRIGÉS

Par M. L.-V. de C.....x.

Ancien receveur des Finances

DEUXIÈME ÉDITION.

PRIX : 50 CENTIMES.

PARIS

CHEZ BAELEN, ÉDITEUR;

AU BUREAU DE LA FRANCE DÉPARTEMENTALE.

Rue Notre-Dame-de-Lorette, 22

ET DANS LES DÉPARTEMENTS,

Chez tous les Directeurs de la BANQUE PHILANTHROPIQUE.

1838

AVIS.

—

L'auteur de ce petit livre a fait paraître dans la *France Départementale* une série d'articles destinés à expliquer une à une les opérations de la *Banque Philanthropique*. Le grand développement qu'a pris cet établissement lui a fait penser qu'il pourrait être utile aux pères de famille d'en connaître toutes les ressources et de s'instruire des avantages que présentent en général aujourd'hui les assurances sur la vie. Il a publié à part ces articles en y faisant de nombreuses corrections et en leur donnant des développements nouveaux. Si une publication d'aussi peu d'importance peut concourir en quelque chose à propager la prévoyance et l'économie, il aura atteint son but, et son succès aura dépassé ses espérances.

NOTICE

SUR LA MORT

ET LES

CHANCES ALÉATOIRES.

CHAPITRE I.

DES ASSURANCES MUTUELLES SUR LA VIE AVANT LA BANQUE PHILANTHROPIQUE.

Notre intention n'est pas de faire ici une histoire complète des assurances sur la vie, nous ne nous abusons pas sur ce qu'il faudrait de recherches et de talent pour accomplir une semblable tâche, qui d'ailleurs, excéderait de beaucoup les limites dans lesquelles nous sommes obligés de nous renfermer.

Pour que ce travail fût complet, nous serions obligé d'étudier d'abord les combinaisons fort simples, conçues par Laurent Tonti, dont le nom a servi pendant longtemps à désigner les établissements dépositaires des placements avec accroissement d'arrérages au profit des survivants (*Tontines*).

Nous devrions ensuite analyser l'édit de 1689, en vertu duquel l'Hôtel-de-Ville de Paris fut autorisé à créer des rentes avec combinaisons tontinières, puis il nous faudrait suivre les progrès de ces opérations financières, en Hollande où l'immense développement du commerce avait appris ce que vaut la vie d'un homme, en Angleterre où, dès le temps d'Élisabeth, florissaient de vastes établissements d'assurances sur la vie, en Russie même où Euler et Fuss firent, sur les probabilités de la vie, des calculs destinés à l'établissement d'une tontine, mais qui, nous avons lieu de le croire, ne reçurent jamais d'application.

Pour nous, qui n'avons ni le loisir ni les forces que demanderait cette histoire, nous nous contenterons d'esquisser sommairement les principes généraux sur lesquels se sont appuyées, depuis 1789 jusqu'à nos jours, les assurances dont nous nous occupons.

Il n'est pas rare de voir l'application d'une idée mauvaise en soi, produire d'utiles conséquences ; sur ce fondement vicieux, l'intelligence humaine s'exerce et travaille. Ce n'est qu'un embryon, qui, pour produire des fruits doux ou amers, n'attend qu'une culture bien ou mal dirigée. Sous l'influence d'une main habile, il se modifie, change de face, et ce qui naît de lui bientôt, lui ressemble si peu, que la sévère histoire est seule capable de donner les preuves d'une filiation contestée.

Ainsi en est-il arrivé pour les établisements d'assurances mutuelles sur la vie : ils sont nés des tontines et les déplorables souvenirs qu'ont laissés

ces dernières nous dispensent d'en faire la cri-
tique.

Ce n'était, en effet, que de véritables exac-
tions, des impôts forcés, que la pénurie des anciens gouvernements, à bout de ressources hon-
nêtes, frappait sur la crédulité publique; telles
sont les rentes créées par l'Hôtel-de-Ville, en
vertu de l'édit de 1689, dont nous avons parlé,
telle est la trop célèbre *Tontine Lafarge*.

On se rappelle l'émotion que produisit dans
Paris l'apparition de cet établissement; tous les
mémoires du temps témoignent de la vogue
presque incroyable qui l'accueillit. 400,000 actions de 90 fr. furent immédiatement placées;
elles étaient divisées en deux classes; dans la
première se plaçaient les actionnaires âgés de
moins de 40 ans, dans la seconde étaient réunis ceux qui avaient dépassé cet âge. Les arrérages produits par les versements des décédés,
sont, suivant certaines lois, distribués aux survivants, et à l'extinction des classes, le capital
retourne à l'état.

Ce caractère suffit à nos yeux pour expliquer le peu de faveur qu'eurent ces établissements auprès des gouvernements de la république et de l'empire. En effet, on trouve dans la législation, des lois, des ordonnances et des décrets dirigés contre les tontines en général ou contre quelques-uns de ces établissements. On en interdit les opérations, ou on en met la direction aux mains de l'autorité publique. Cette animadversion était naturelle de la part de deux gouvernements qui s'efforçaient de rendre honnête l'administration des deniers de l'état. La république, au milieu de sa gêne financière, avait la force et n'avait pas besoin de recourir à des mesures hypocrites, faussement déguisées d'une apparence de bien-être particulier; l'empire, dans son étonnante prospérité, pouvait se dispenser de recourir à des emprunts. Ces deux gouvernements entravèrent donc autant qu'ils le purent et avec raison, selon nous, l'établissement des tontines.

Sauf de rares exceptions, jusqu'à nos jours ou

pour mieux dire jusqu'à la Banque Philanthropique les combinaisons de survivance n'ont pas
dépassé les étroites données de la *caisse Lafarge*
dans lesquelles la plupart des établissements se
renferment encore aujourd hui, si on en excepte
l'aliénation au profit du gouvernement.

Et même l'idée fiscale qui avait présidé à la
création des tontines, avait poussé de profondes
racines ; on la retrouve encore dans des établissements bien postérieurs à celui de M. Lafarge. Les fondateurs semblent toujours avoir
en vue une ressource financière pour l'état, ou
tout au moins un avantage politique, bien plus
que la propagation des idées de prévoyance et
d'économie ; ainsi, dans l'acte social de la caisse
d'épargne de la Gironde, autorisée par ordonnance du 24 mars 1819, on trouve ces lignes :

« Lesquels (comparants) ayant formé le projet
» de fournir à toutes les classes de la société et
» particulièrement aux marins, cultivateurs,
» ouvriers, etc., les moyens de tirer parti de
» leurs petites épargnes *et d'attacher leur intérêt*

» *et leur confiance au gouvernement du roi*, ont dé-
» terminé ce qui suit. »

Plus tard nous trouvons dans les statuts rédi-
digés avec tant de talent, de *la société d'assurance
mutuelle sur la vie des hommes* autorisée par ordonnance du 12 juillet 1820, un article ainsi
conçu :

« **La** société éprouvant le besoin et recon-
» naissant que c'est pour elle un devoir de
» *manifester la juste confiance qu'elle a et qu'on doit*
» *avoir généralement aux valeurs qui constituent la*
» *dette publique*, etc. »

Enfin, l'association viagère en rentes sur l'état,
autorisée le 29 décembre 1819, rappelle complétement les tontines et les opérations méditées par
l'abbé Therray, lorsqu'elle dit article 30 de ses
statuts :

« Les rentes..... seront transférées en vertu
» des procurations déposées au nom de l'admi-
» nistration mandataire, représentant en ce cas
» *le gouvernement auquel retournera en définitive la*
» *propriété de ces rentes* à l'époque de la dissolu-

» tion de l'établissement, par l'extinction des
» derniers actionnaires. »

Etablies sur des bases aussi fausses, ces institutions ne pouvaient produire de bien favorables
résultats, aussi la plupart d'entre elles ne parvin-
rent pas même à se constituer; en lisant, en effet,
les statuts qu'elles ont laissés, on est frappé de la
vague obscurité qui y règne, on sent qu'il y a
au fond de tous ces actes une idée bonne, dont
leurs rédacteurs n'ont pas encore conscience; la
mutualité s'essaie, ses commencements sont ti-
mides et lents, elle cherche sa voie sans la dé-
couvrir encore, elle s'entoure de précautions et
de fausses garanties qui la gênent et qui l'é-
touffent.

On voit par exemple les fondateurs de la plupart de ces institutions se préoccuper trop vive-
ment de l'égalité *actuelle* des chances et des conditions sous l'empire desquelles contractent les
assurés; de là naissent des fractionnements infinis
qui, divisant ces assurés en mille classes diverses,
font disparaître les avantages de la mutua-

lité dont le nombre est le principal élément.

L'*Institution dotale*, autorisée le 10 mars 1819, si analogue, dans ces opérations, à la BANQUE PHILANTHROPIQUE, que celle-ci, sans doute, y a puisé ses principes généraux, l'*Institution dotale*, disons-nous, forme trois divisions des filles intéressées à ses opérations.

La première comprend celles qui n'ont pas deux ans révolus ;

La seconde celles de deux à quatre ;

La troisième celles de quatre à six.

Les garçons ne peuvent être assurés que dans la septième année, et ceux du même âge concourent seuls ensemble, encore ces assurés sont-ils divisés en trois classes séparées, selon la quotité des mises versées en leur nom.

Nous ne pousserons pas plus loin nos citations, nous ne parlerons pas de la *caisse de survivance et d'accroissement* qui divise ses *actionnaires* en dix classes, « dans la vue » dit-elle « d'établir le plus d'égalité possible entre les » chances de la vie pour chaque actionnaire en

» évitant de faire concourir ensemble ceux qui
» seraient d'âge trop différent; » de *l'association
viagère*, et de tous les établissements de ce temps
enfin, et souvent aussi du nôtre, qui ne comprennent pas que les inégalités de chances peuvent être compensées avec avantage par les
primes d'intercalation, ou qui, s'ils le comprennent, n'en ont pas eu l'intelligence nette et
précise.

Cet inconvénient fut si grave qu'il mit ob-
stacle à la constitution définitive de plusieurs de
ces sociétés, dont les classes ne renfermaient
pas assez d'assurés pour garantir la sérieuse réalisation de la mutualité.

Si les fondateurs des tontines nées pendant le
commencement de ce siècle, ont prouvé qu'ils
ne comprennent qu'imparfaitement le principe
de la mutualité et qu'il n'avaient pas foi en lui,
c'est surtout par les efforts que faisaient, pour
conserver le capital versé aux héritiers de l'actionnaire, ceux d'entre eux qui n'aliénaient pas
ce capital au profit de l'état. Nous trouvons dans

une espèce de préambule qui précède les statuts de la *caisse de survivance et d'accroissement*, ces lignes que nous voulons transcrire :

« Ce système consiste dans une combinaison
» toute mathématique de l'intérêt ordinaire de
» l'argent et des chances de la vie, dont l'effet
» sera d'accroître progressivement les capitaux
» qui seront versés dans ladite caisse.............
» le tout indépendamment de la faculté de de-
» mander un remboursement plus prompt, et
» (*chose essentielle*) *de conserver à sa famille en cas*
» *de mort son premier capital.* »

Il est facile d'expliquer ici par quelle pensée étaient inspirés les auteurs de ces combinaisons. Les assurances sur la vie, à cette époque, n'a-vaient aucune valeur sociale, c'étaient de sim-ples spéculations commerciales dans lesquelles on se hasardait par le désir de profits considé-rables, mais qui n'avaient pas pour but de mettre en commun les immenses ressources dont l'humanité dispose, afin de les répartir ensuite à ceux qui en éprouvaient le besoin;

c'était une opération purement individuelle, un placement d'argent dont on voulait recueillir de gros intérêts, et non pas une garantie offerte par tous à chacun, une répartition providentielle, en quelque sorte, de la fortune générale. Ainsi, les associés qui entraient dans ces masses d'assurances étaient tout simplement des *actionnaires*, comme s'ils eussent pris part à toute autre spéculation; le taux de leur mise était fixé dans la plupart des cas ; un esprit hasardeux, un homme désireux de faire un avantageux placement, prenait une action dans une de ces sociétés, deux peut-être, mais cette opération, destinée au bénéfice de l'individu, n'avait pas embrassé dans ses prévisions le foyer de la famille. On conçoit qu'alors l'aliénation du capital eut été un tort fait aux enfants.

Aujourd'hui, grâce à la BANQUE PHILANTHROPIQUE, l'assurance sur la vie doit être comprise d'une manière plus large. Ce n'est plus une *affaire*, mais la création d'un immense système de *garantisme*, comme on dit maintenant; la BANQUE

PHILANTPROPIQUE, sans avoir recours à des théories sociales nouvelles, mais en appliquant seulement les moyens dont on peut disposer dans l'état où nous nous trouvons, entreprend une répartition plus convenable de la fortune par le soulagement de chacun par tous ; elle forme comme une gigantesque famille dont tous les membres se promettent une assistance utile à tous sans être onéreuse à personne, car celui qui *perd* dans ses combinaisons c'est celui qui *n'a pas besoin*, c'est celui que la mort a délivré de toutes les nécessités sociales, ou celui qui a échappé, par sa volonté, aux exigences d'une position déterminée. Aussi, pour une semblable institution, ce n'est pas seulement le chef de la famille ni un de ses membres qui vient isolément affronter les chances pour trouver le bénéfice, mais tous les enfants prennent part également à ce bénéfice de la *solidarité universelle*, et alors à quoi servirait de ne pas aliéner le capital, quel serait le sens d'une semblable mesure. Il serait impossible de lui en trouver aucun.

La conséquence naturelle de la mutualité bien comprise, est donc la formation d'une fortune commune, qui n'appartient à personne en particulier, mais dont chacun de ceux qui éprouvent le besoin en vertu duquel elle a été créée, peut réclamer sa part. C'est, par conséquent l'aliénation du capital versé au profit de l'individu collectif, car celui-ci, seul dans une masse mutuelle, doit survivre à toutes les individualités qui disparaissent aussitôt qu'elles se sont mêlées à la masse.

Nous avons indiqué les caractères essentiels des *tontines;* partage des arrérages entre les survivants, aliénation du capital au profit de l'état dans certains cas, dans d'autres, retour de ce capital aux héritiers ; division des apports sociaux en mises égales, sous le nom d'actions; telles sont les combinaisons qui, seules, existaient à l'époque des définitions légales, telles sont, par conséquent, les seules combinaisons auxquelles ces définitions s'appliquent. L'*institution dotale et de secours mutuel de recrutement,* autorisée par ordonnance du 10 mars 1819, fut le premier établissement qui rompit avec le passé et qui ne prit à ses prédécesseurs que l'idée d'accroître les capitaux placés en vertu de certaines chances de la vie naturelle et de la vie sociale. La Banque Philanthropique a continué son œuvre, et nous verrons, dans les chapitres qui suivent, combien elle a perfectionné ces opérations, et combien elle s'est séparée plus profondément encore des entreprises connues sous le nom de *tontines*.

Nous avons cru nécessaire de suivre la marche et les modifications des idées fondamentales qui avaient donné naissance aux *assurances mutuelles sur la vie*. Il nous reste maintenant à voir en peu de mots quels étaient les procédés pratiques à l'aide desquels elles étaient mises en œuvre.

Les combinaisons bornées aux applications que nous avons indiquées ne pouvaient satisfaire à un assez grand nombre de besoins, elles ne savaient pas se plier aux mille positions diverses dans lesquelles se trouvent les pères de famille, leur secours était le plus souvent inutile et le public goûtait peu des opérations qui n'étaient pas assez avantageuses pour le tenter, qui ne s'appropriaient pas assez à ses désirs pour lui donner les gages d'un avenir certain. Aussi les assurés étaient en fort petit nombre, et comme, ainsi que nous l'avons déjà expliqué, le grand nombre est la garantie essentielle des opérations mutuelles, ces établissements s'éteignaient presque à leur naissance sans avoir produit aucun bien.

Un défaut d'ailleurs de leur administration intérieure s'opposait au grand développement des systèmes d'assurances sur la vie; la direction de presque tous ces établissements était remise aux mains de deux ou trois administrateurs investis d'une puissance égale. Or, pour s'adresser au public, il faut une unité de vues et de moyens qu'on ne saurait trouver dans une gestion collective. La main qui conduit une institution de cette sorte doit être ferme et prompte, la responsabilité ne peut être partagée sans im-

primer à la direction des affaires sociales une
timidité et une lenteur qui la rend incapable
de faire impression sur les masses qu'elle appelle à ses opérations ; et puis le double intérêt
qui s'attache à la propagation d'une grande idée
et à l'espérance de bénéfices honorables et jus-
tes, disparaît presque complétement quand le
mérite de cette propagation, quand ces espérances
diminuent en se fractionnant ; il s'ensuit que les
sociétés nommées précédemment par nous ont
rencontré dans les vices intérieurs de leur organisation industrielle des obstacles insurmontables.

Et cependant ainsi entravées dans leur marche, quelques-unes ont réalisé, à l'époque de
leur liquidation, des bénéfices importants. La
tontine Lafarge elle-même, plus condamnable
par les illusions dont elle avait bercé ses actionnaires que par la faiblesse des résultats qu'elle a
su produire, offre aujourd'hui des rentes assez
considérables à ceux de ces actionnaires qui
avaient été placés par leur âge dans la seconde
classe, et pourtant elle a, comme on sait, subi

la banqueroute de l'état ; nous citerons encore la *tontine perpétuelle d'amortissement*, créée par M. Janson de Sailly et autorisée le 10 mars 1819. Lorsque l'honorable directeur de cet établissement voulut se retirer, un homme se présenta pour lui succéder qui ne put se concilier la confiance des actionnaires ; ils demandèrent la liquidation qui leur fut accordée. Celle-ci terminée, on s'aperçut avec étonnement que les bénéfices étaient considérables, et nous tenons d'une des personnes qui s'étaient intéressées à cet établissement, qu'elle recueillit 50 pour 0/0 de dividende pour un placement qui n'avait duré que dix-huit mois. Grand fut alors le regret de tous les ayants droit ; personne ne voulait avoir sollicité une liquidation qui n'avait été faite cependant qu'à la demande de tous, mais cette société ne devait rendre d'autre service que de prouver tout ce dont est capable l'application de la mutualité aux chances de la vie.

Si des établissements fondés sur des bases aussi fausses, pourvus de si faibles moyens pour

se propager, et venus dans un temps où les con-
naissances économiques étaient encore si peu
répandues, ont cependant produit quelques
effets heureux; quel avenir est réservé à la Banque Philanthropique qui a profité de toute l'expérience amassée par ses devanciers et qui a,
comme nous le verrons, en évitant les inconvénients, trouvé des applications toutes nouvelles?

Cet avenir, son présent peut déjà vous le faire
prévoir.

CHAPITRE II.

CAISSE DE PLACEMENTS EN RENTES SUR L'ÉTAT.

—

Placements sans aliénation de capital et avec capitalisation des arrérages à 5 p. 0/0. — Sont rendus au déposant sur sa demande. — Complètent la caisse d'épargne. —Utiles pour les cautionnements.

Dans plusieurs articles de son recueil, la *France Départementale* a essayé de donner une idée générale et un aperçu rapide des opérations de la BANQUE PHILANTHROPIQUE et de l'esprit dans lequel cet établissement a été créé ; elle a même fourni à ses lecteurs, tous les mois, le chiffre des assurances contractées par cette banque. Ces détails se rattachaient immédiatement, pour la *France Départementale*, aux vues sommaires qu'elle a eu l'occasion d'énoncer tant de fois sur les assurances mutuelles, et elle a voulu que le public possédât tous les éléments de la question, afin qu'il pût apprécier, en pleine connaissance de cause, les opinions qu'elle a émises ou qu'elle devra émettre encore.

Nous croyons qu'il convient aujourd'hui de poursuivre le travail commencé, et d'exposer, dans tout le détail de leur mécanisme, les opérations de la BANQUE PHILANTHROPIQUE. Nous publierons donc une série d'articles, destiné chacun à une des combinaisons de cet établissement.

Nous commencerons par la CAISSE DE PLACEMENTS EN RENTES SUR L'ÉTAT.

Cette opération ne constitue pas une assurance sur la vie, mais elle n'est en effet qu'un placement, sans aucune aliénation de capital ni d'arrérages, sans aucune condition destinée à produire un bénéfice ou une perte.

Là sont déposées, à partir de cinquante francs, toutes les sommes que leur possesseur veut grossir des intérêts capitalisés et le déposant est toujours libre de les retirer avec les fruits qu'elles ont produits. Il lui suffit d'avertir deux mois au plus à l'avance la BANQUE PHILANTHRO-PIQUE pour obtenir le remboursement des fonds qu'elle a placés en son nom au trésor.

Cette caisse si simple est pourtant fort utile ; elle est comme le complément nécessaire des caisses d'épargne. Celles-ci, en effet, ne reçoivent les économies du pauvre, que lorsqu'elles ne s'élèvent pas au-dessus d'une somme très-faible, la BANQUE PHILANTHROPIQUE n'admet l'épargne des artisans que lorsqu'elle atteint une valeur déjà importante et elle ne pose aucune limite au chiffre des dépôts qu'elle peut faire fructifier. Ainsi, après avoir accumulé jour par jour dans les caisses d'épargne et avec un faible intérêt, le fruit de son travail, l'homme économe et laborieux peut apporter avec sécu-rité dans la CAISSE DES PLACEMENTS ce fondement de sa petite fortune que les caisses d'épargne ne peuvent plus garder entre leurs mains, et là, il reçoit des intérêts plus forts qui augmentent tous les jours son avoir sans lui faire courir les chances hasardeuses des placements dans l'industrie, si souvent ruineux pour ceux qui, n'ayant pas de capitaux assez considérables pour les diviser en des mains nombreuses, n'ont pas cette chance heureuse de compenser d'un côté par de grands bénéfices les pertes qui d'un autre compromettraient leur fortune.

Cette CAISSE peut encore s'ouvrir avec profit aux cautionnements que, dans beaucoup de cas, doivent fournir des employés comptables ou responsables à quelque titre que ce soit. Ces cautionnements, ordinairement déposés à la caisse des consignations, n'y reçoivent qu'un intérêt de 3 pour cent, et nous avons dit plus haut que, versés à la BANQUE PHILANTHROPIQUE, ils produisaient des intérêts beaucoup plus considérables.

Nous pouvons nous dispenser, au reste, de faire l'éloge d'une opération qui tend à favoriser l'ordre et l'économie. Depuis plusieurs années on a

pu s'apercevoir en France des bienfaits sans nombre que produisaient les caisses d'épargne, et
l'opinion publique est aujourd'hui unanime sur
leur utilité. L'importance d'une combinaison
qui les reproduit tout entières sur une plus
grande échelle est également incontestable.

CHAPITRE III.

CAISSE DE SURVIE.

Assurance avec aliénation de capital et profit pour les survivants. — Cette caisse est mutuelle. — Définition et avantages de la mutualité. — La caisse de survie s'applique à tous les âges et aux deux sexes. — Les mises sont au comptant ou à terme. — *Au comptant*, le sociétaire paie en souscrivant. — *A terme*, il prend l'engagement de verser sa mise 10 ans après son assurance. — Le partage du fonds commun est fait entre tous les survivants, 10 ans ou 20 ans après l'assurance. — *Produits*. — Après 20 ans (à terme) on a **2** fois sa mise ; — après 10 ans (au comptant), **2** fois 1/2 sa mise ; — après 20 ans (au comptant) 5 fois sa mise. — Cette caisse utile pour constituer des dots en cas de mariage postérieur au partage du fonds commun. — Avantage des mises à terme. — Faculté de s'acquitter par à-compte. — Ce mode préférable aux annuités. — Pourquoi. — Opinion de Condorcet.

C'est avec cette Caisse que commencent les combinaisons d'assurance de la Banque Philanthropique.

La Caisse de survie a pour objet de faire profiter tous les survivants des mises versées par
les assurés décédés qui avaient concouru avec
eux à former une même masse commune.

Cette Caisse est *mutuelle*, c'est-à-dire que le
fonds commun qui y est apporté par les *sociétaires* est réparti *tout entier* entre ceux qui, parmi
eux, ont accompli les conditions imposées ; de
telle sorte que l'importance des produits est en
raison inverse du nombre des co-partageants, et,
par conséquent, est variable de sa nature. Cependant les lois de la probabilité étant toujours
les mêmes, et le grand nombre des associés pour
chaque fonds commun garantissant la constante
reproduction des mêmes chances, il s'ensuit
que les perturbations éprouvées par les produits
ne peuvent jamais être que fort légères.

Disons-le en passant : la *mutualité* est certainement le système qui satisfait le plus complétement, dans les assurances, aux intérêts des co-
associés, celui qui présente les avantages les plus
considérables. En effet, les *sociétaires* partageant

la masse entière obtiennent tout ce qu'il leur est loyalement permis d'exiger des combinaisons de certaines chances données ; leur bénéfice est la *conséquence directe* des chances qu'ils ont courues, et, par conséquent, en est la *compensation rigoureuse* ; les probabilités de perte et l'importance du produit recueilli forment les deux termes d'une équation irréprochable. En appliquant la théorie des primes fixes, en vertu de laquelle le produit est déterminé et *garanti par l'assureur*, on ne peut évidemment arriver à un résultat aussi favorable, car cet assureur doit tenir ses calculs au-dessous de la réalité, non dans un but intéressé, mais pour se prémunir contre des chances défavorables qui l'obligeraient à donner aux assurés plus qu'il n'en aurait reçu, ou, pour mieux dire, le forceraient à refuser le paiement d'un excédant qui constituerait pour lui un déficit au-dessus de ses ressources. La mutualité offre donc à la fois, à notre avis, des produits plus forts et des garanties plus sûres.

La Caisse de survie s'applique également à

tous les âges, et convient à toutes les positions de la vie. Aussi les personnes des deux sexes peuvent y être placées depuis la naissance jusqu'à soixante-cinq ans.

Elle est divisée en *quatre sections*, dont chacune est ouverte le 1ᵉʳ janvier, et fermée le 31 décembre de chaque année.

La première comprend tous les individus, depuis la naissance jusqu'à 2 ans, qui sont assurés dans la même année, sans distinction d'âge ni de sexe.

La seconde comprend, aux mêmes conditions, ceux de 2 à 20 ans.

La troisième ceux de 20 à 40 ans.

La quatrième ceux de 40 à 65 ans.

Les mises qui concourent à la formation de ces masses *sont facultatives ;* c'est-à-dire qu'elles sont ce que veut les faire le souscripteur, pourvu toutefois qu'elles puissent se diviser par 50 fr. La Banque Philanthropique aurait pu en abandonner complétement la fixation au désir des pères de familles, mais sans doute l'ordre de son administration l'a obligée à en agir autrement, et l'accroissement est tellement progressif, que nous ne voyons aucun inconvénient à l'adoption de ce mode.

Cependant on ne peut pas disconvenir que les chances de mortalité ne soient continuelles, et que la personne qui s'assure au mois de décembre n'ait couru ces chances au détriment de la *section* dont elle fait partie. C'est ce qui a engagé la Banque Philanthropique à statuer que, sous le nom de *complément mensuel*, le souscripteur paierait une augmentation de 1 p. %, de sa mise, par mois écoulé depuis l'ouverture de la *section*, c'est-à-dire depuis le 1ᵉʳ janvier jusqu'au jour de son assurance.

Les assurances peuvent être contractées *au comptant* ou *à terme*.

Dans le premier cas, le souscripteur verse sa mise en même temps qu'il fait sa souscription.

Dans le deuxième cas, il s'engage seulement à la verser *seize ans* après la clôture de sa *section*, c'est-à-dire seize années après celle pendant le cours de laquelle il signe la police d'assurance.

Pour avoir droit à la répartition , le souscripteur doit justifier de l'existence de l'assuré à l'époque fixée pour l'ouverture du droit à cette répartition.

Puisque les produits de cette CAISSE ne sont pas destinés , comme nous le verrons plus tard pour les assurances de *recrutement* et de *mariage*, à satisfaire à un besoin défini , et qui ne se manifeste le plus souvent qu'à une certaine époque fixée par la nature ou par les lois, mais offrent, ainsi que nous l'avons dit plus haut, une ressource également avantageuse à toutes les époques de la vie, il s'ensuit que la répartition ne devait pas nécessairement avoir lieu à *un âge donné* de l'assuré, et qu'au lieu de prendre cet âge pour terme, on pouvait fixer le partage de la masse dans un délai donné *après l'époque de l'assurance;* c'est ce qu'a fait la BANQUE PHILANTHROPIQUE.

Quel que soit l'âge de l'assuré , la répartition a lieu vingt ans après l'année dans laquelle il a fait son assurance, hors un cas dont nous parlerons tout à l'heure.

Mais si la répartition peut se faire indifféremment à tous les âges, et si, en vertu de ce principe, on l'a fixée vingt ans après la souscription, on a dû considérer aussi que les chances de la mortalité étant l'élément principal de perte et de gain, on ne devait appeler à former *une seule masse commune*, que les assurés qui, par leur âge, présentaient des probabilités égales de survivance et de décès. Telle a été l'origine des *sections* que nous avons indiquées plus haut.

Les assurés de la Banque Philanthropique y sont réunis *par groupes d'âges*, et toutes les personnes qui contractent dans la même année forment une même masse, non-seulement quand elles sont du même âge, mais aussi quand les deux âges extrêmes sont contenus dans des limites fixées, quand le plus jeune est dans sa vingt-unième année, par exemple, et le plus vieux dans sa quarantième. Il résulte en effet des calculs de la Banque Philanthropique, qu'un

homme de vingt ans et un homme de trente-
neuf, courent, à une différence presque insensible, les mêmes chances de vie et de mort ; ils
sont donc compris dans la même masse avec tous
les âges intermédiaires.

La même considération, c'est-à-dire, l'égalité
de chances de mort pour les deux sexes, a permis
de les faire aussi concourir ensemble. Nous n'insisterons pas sur ce point.

Nous avons dit que la répartition devrait avoir
lieu vingt ans après l'époque de la souscription,
cette règle est sans exception pour les *mises à
terme*, mais il n'en est pas de même pour les
mises au comptant. Celles-ci, en effet, forment
deux masses réparties, l'une dix ans, l'autre
vingt ans après l'assurance, et le souscripteur
se place à son choix, en souscrivant, dans l'une
de ces deux masses.

Les produits à la Caisse de survie sont esti-
més ainsi par la Banque Philanthropique : les
mises à terme payables seulement quatre ans avant
la répartition devront être doublées, les *mises au*

comptant devront être quintuplées pour la répartition qui a lieu vingt ans après l'assurance ; la moitié seulement de ce résultat est obtenue pour la *série* de dix ans.

La Caisse de survie, appliquée au jeune âge, peut être à bon droit considérée comme une *assurance dotale*, c'est-à-dire, destinée à *doter* les jeunes gens à l'époque de leur entrée dans le monde et de leur établissement. Seulement la condition que le raisonnement annonce d'abord dans une assurance de ce genre, le *mariage*, sans lequel une *dot* semble devoir être inutile, n'est pas exigé pour profiter des bénéfices de la Caisse de survie ; mais les pères de famille y peuvent trouver cet avantage, que le produit de la répartition leur est assuré pour doter leurs enfants, quand bien même leur mariage n'aurait eu lieu qu'après cette répartition même ; ainsi, l'enfant assuré *à terme* à la naissance, ou à 1 an, 2, 3, ... 10 ans, recueillera, s'il survit, la somme qui résultera du partage de la masse, à 20, 21, 22, ... 30 ans.

Nous espérons que les détails qui précèdent suffiront pour faire parfaitement comprendre les opérations de la CAISSE DE SURVIE ; on a vu que son mécanisme est simple et d'une intelligence facile, que toutes les conditions exigées des assurés sont indispensables à la sincérité des chances sur lesquelles repose l'assurance.

Nous dirons, avant de terminer, quelques mots sur les *mises à terme*.

Nous reproduirons ici ce que la BANQUE PHIL-ANTHROPIQUE dit quelque part des raisons qui l'ont engagée à créer cette espèce de mises :

« Si la BANQUE PHILANTHROPIQUE n'avait admis
» que des *assurances au comptant*, le commerçant
» et l'industriel auraient souvent éprouvé le
» regret de négliger l'avenir de leurs familles
» par la difficulté ou l'impossibilité de détour-
» ner *immédiatement* de leurs entreprises les
» fonds nécessaires à une souscription ; tandis
» que la création des *assurances à terme* permet
» de rendre leur prévoyance aussi hâtive que
» fructueuse , tout en laissant à leurs affaires la

» jouissance entière de leurs capitaux, jusqu'à
» l'époque très-éloignée du versement des mises.
» Ce système offre encore à l'artisan le moyen
» d'utiliser le fruit de son travail, en assignant
» un but à ses économies, et en lui révélant
» ainsi toute l'utilité des Caisses d'épargne.

» De plus, le père de famille trouve dans la
» nécessité de faire quelques réserves pour se
» libérer du montant de la mise, un moyen
» puissant d'exciter ses enfants à l'ordre et au
» travail, puisqu'il ne les fera participer aux
» bénéfices promis qu'à la condition de les mé-
» riter. C'est dans ce dessein que le produit de
» la répartition a été spécialement attribué *au
» souscripteur et non à l'assuré.* »

Nous devons ajouter qu'en cas de stipulations
précises, le produit de la souscription peut ap-
partenir à l'assuré.

Ainsi, comme on le voit, les assurances à
terme se contractent par un simple engagement
que prend le souscripteur de payer, à une époque
déterminée, le montant de la mise qu'il a sou-

scrite (c'est dans la plupart des cas quatre années avant celle de la répartition).

Nous applaudissons de toutes nos forces à l'application que l'on a faite de ces sortes de mises
aux assurances sur la vie, nous disons à l'*application*, car, il faut l'avouer, ce n'est pas à la Banque Philanthropique que revient l'honneur d'a-
voir créé les *mises à termes*, déjà elles avaient
eu le plus grand succès dans les assurances contre l'incendie ; mais, en le transportant dans les
opérations nouvelles, la Banque Philanthropique, il est vrai, a singulièrement perfectionné
ce procédé.

Ainsi il devient facile, au moyen de ces *mises
à terme*, de retirer d'une même somme une double fructification fort considérable. L'industriel
peut en même temps employer en spéculations
sages, et par conséquent heureuses, le produit
de ses économies, et profiter, par le seul fait
de la promesse qu'il a donnée, de la bonification de chaque instant qui s'opère par le moyen
des décès dans la masse où il s'est placé ; de

sorte que la même somme, ici promise, active là, produit également, ici par son action, là par le traité qui l'engage.

Nous avons remarqué dans les statuts de cet établissement une clause qui nous a semblé pleine de sagesse; c'est celle qui autorise le souscripteur des *mises à terme* à verser avant l'époque de l'échéance tout ou partie de la mise qui fait l'objet de sa souscription; cet à-compte produit des intérêts imputables sur le montant de l'assurance ou rendus au souscripteur s'ils excèdent la somme promise. Ainsi l'économie devient la nécessité de chaque heure et l'aiguillon de chaque semaine; car il ne s'agit plus de payer une somme assez considérable dans un avenir lointain, mais d'apporter tous les jours l'épargne que ces jours ont produite; on n'a plus de prétextes pour différer de remplir un engagement auquel il est si facile de satisfaire successivement et sans qu'il paraisse en coûter; l'artisan peut donc à son gré employer ses épargnes d'une manière plus profitable pour le présent, ou, si une

activité productive n'est pas permise à ce pécule,
s'acquitter d'une dette sacrée et à laquelle tient
l'avenir de son enfant.

Il nous a semblé que cette faculté accordée au
souscripteur de s'acquitter par à-compte, était
bien préférable à l'obligation qui lui est imposée
dans quelques compagnies d'assurances de payer
par annuités. En effet, les à-compte sont facul-
tatifs, le souscripteur peut fixer à son gré la
quotité et l'échéance des sommes dont il veut
alléger l'engagement pris par lui, si la mémoire
lui manque, si sa position devient difficile, et
ne lui permet pas de réaliser le projet qu'il avait
conçu, il n'encourt pas, comme dans le système
des annuités, une brutale déchéance qui le
prive de ses droits et lui enlève les bénéfices
des versements déjà faits.

Les assurances sont jeunes en France, et il n'y
a que quelques années encore, que le philoso-
phe Condorcet n'osait espérer pour ses compa-
triotes les avantages de la mutualité appliquée
aux chances de la vie que pour un avenir fort

éloigné. Les combinaisons pourtant sont venues, déjà elles prospèrent, et nous n'hésitons
pas à leur promettre un immense succès, si
elles sont partout et toujours mises en œuvre
avec sagesse et sagacité.

CHAPITRE IV.

RENTES VIAGÈRES MUTUELLES.

Ces rentes sont nouvelles et dues à la Banque Philanthropique.
— Deux procédés pour les constituer. — Rentes par assurances
successives. — Rentes par prélèvements. — Comparaison des
deux modes. — Utilité de ces rentes pour le jeune âge.

La constitution de rentes viagères mutuelles
n'est, en réalité, qu'une application de la Caisse
de survie ; mais cette application nous a semblé
si ingénieuse et si féconde, que nous n'avons pu
nous empêcher de la considérer comme une
combinaison principale, et que nous avons cru
convenable de lui consacrer un chapitre spécial.
Si ces assurances se rattachent, par les moyens
de les contracter, à une caisse que nous avons

déjà étudiée, elles appartiennent, par leur but
et par leurs résultats, à un ordre d'idées tout nouveau, et elles fondent, en quelque sorte, une institution nouvelle au milieu de tant d'institutions
prospères dues jusqu'à présent au principe de la
mutualité.

En effet beaucoup de sociétés, jusqu'à présent,
ont offert au public de constituer des rentes
viagères, *à primes fixes*; mais aucune encore,
que nous sachions, n'était parvenue à rendre
ces rentes *mutuelles*. Le problème semblait trop
complexe pour qu'on en pût trouver la solu-
tion; et si l'on a bien saisi ce que nous avons dit
plus haut des avantages de la mutualité, on doit
comprendre combien une lacune si importante
était fâcheuse. La Banque Philanthropique est
venue la combler, et nous pensons qu'elle l'a fait
avec bonheur.

1° Rentes par assurances successives.

Par des assurances *annuelles* et successives dans
la Caisse de survie, on se crée tout naturelle-

ment une *rente annuelle* dont la durée est égale au nombre d'années pendant lequel on a continué le placement. Cela résulte nécessairement de ce que nous avons vu dans le chapitre précédent, puisqu'en effet la masse ouverte chaque année est parfaitement indépendante des masses qui l'ont précédée ou la suivront. Ainsi, qu'une personne fasse un placement de 1,000 fr. dans la Caisse de survie, dans le cours de l'année 1837, elle recueillera une somme de 5,000 fr. environ en 1858; si elle a continué ce placement pendant les vingt années intermédiaires, elle devra toucher, pendant vingt ans, les 5,000 f. résultant des répartitions qui viennent à échéance, et enfin la rente *deviendra viagère* toutes les fois qu'à chaque année du déposant correspondra un placement fait vingt ans avant.

Comme la première répartition échoira, au sociétaire, 20 ans après un premier placement, on conçoit qu'il n'aura à faire que pendant 20 ans les avances de ces *assurances annuelles* ; car lorsqu'à la 21me année il recueille 5,000 fr. pour l'assurance de 1,000 fr. qu'il a souscrite 20 ans avant, il lui suffira de prélever, à l'instant même, sur ses bénéfices, les 1,000 fr. destinés à une nouvelle assurance. Il réduit ainsi à 4,000 fr. la rente qu'il s'est faite, mais il en perpétue les avantages à son profit.

Cependant nous avons vu que les assurances ne peuvent être consenties à la CAISSE DE SURVIE, que jusqu'à 65 ans; quand donc il arrive à la 66me année, le souscripteur ne peut plus faire, sur les 5.000 fr. qu'il reçoit, le prélèvement de 1,000 fr. pour une nouvelle assurance, ainsi il garde tout entier le produit de la répartition, et sa rente augmente, pour lui, depuis sa 66me année jusqu'à sa 86me année, c'est-à-dire à l'époque où l'on ne peut plus, ordinairement, suffire à ses besoins par son travail.

Il résulte, de ce que nous venons d'indiquer, qu'une avance de 20,000 fr., faite seulement par *vingt paiements annuels*, suffit pour constituer à un jeune homme une rente de 4,000 fr., depuis sa 21me jusqu'à sa 65me année, et une rente de

5,000 fr. depuis sa 66me jusqu'à sa 86me. Nous avons dit comment les assurances faites après la 20me ne sont pas onéreuses au souscripteur puisqu'elles sont prélévées sur ses bénéfices.

Le souscripteur peut même, en faisant un dépôt à la Caisse de placements, diminuer de beaucoup les avances de 20,000 fr. dont nous venonsde faire mention. Ainsi que ce souscripteur verse immédiatement dans la Caisse des placements 13,744 fr.; qu'il donne au directeur général de la Banque Philantropique le pouvoir de distraire tous les ans de cette somme et des intérêts produits par elle, 1,000 fr., montant de ces assurances annuelles, et ces 13,744 fr. fourniront les vingt assurances nécessaires.

Il est donc vrai de dire que 13,744 fr. suffisent pour constituer une rente de 4,000 fr. pendant 45 ans, et de 5,000 fr. pendant vingt. On voit, par cet exemple, ce que peut produire la mortalité combinée avec l'association.

2⁰ Rentes par prélèvements.

Le procédé précédent, pour constituer des *rentes viagères mutuelles*, que nous n'avons décrit que pour les mises *au comptant*, pourrait tout aussi bien s'appliquer, on le comprend, aux mises *à terme*, puisqu'il ne s'agirait que de donner ce caractère aux *assurances successives* que le *sociétaire* contracte chaque année, et nous le préférons même ainsi, parce que nous trouvons, dans cette espèce d'assurances, plus de garanties pour le *sociétaire*, qui rencontre dans les masses auxquelles il s'associe, un plus grand nombre d'associés. On sait, en effet, que le grand nombre, dans les opérations mutuelles, rend seul possible la réalisation des chances prévues par le calcul et qui ont toujours pour base des généralités.

Nous supposons, en conséquence, le cas des *mises à terme*, pour décrire un second moyen de constitution de rentes viagères, qui pourrait aussi, comme on le comprendra par la simple lecture des lignes qui suivent, s'appliquer aux mises *au comptant*.

4

Abandonnons, pour un instant, les abstrac-tractions et supposons un exemple. Pierre assu-rera Paul, son fils, afin de lui constituer une rente.

Paul naît. Pierre forme sur sa tête une assu-rance à la Caisse de survie. Cette assurance est à terme et s'élève à 10,000 fr. si l'on veut. Si Pierre consent à user de la faculté laissée à tous les souscripteurs de la Banque Philantropique de s'acquitter, par à-compte, des mises qu'ils ont souscrites, il suffit de verser, dans la Caisse des placements en rentes sur l'état, une somme de 4,907 fr. 75 c., qui, rapportant pendant 16 ans, des intérêts sémestriels, toujours capitalisés, représentera, à cette époque, les 10,000 fr. que Pierre devra payer. Lorsque Paul a vingt ans, la répartition de la masse se fait au profit de Pierre, et celui-ci recueille environ 20,000 fr. qu'il emploie ainsi:

Il consacre 4,907 fr. 75 c. à escompter, par le moyen d'un à-compte, une nouvelle assurance toute semblable à la première.

Il verse les 15,092 fr. environ qui lui restent

dans la Caisse des placements en rentes sur l'état, et la Banque Philanthropique paie à son fils, auquel nous avons supposé qu'il voulait laisser le profit de la rente, une somme annuelle de 1,120 fr. environ. Après 20 paiements annuels, les 15,092 fr., plus les intérêts produits par eux sont épuisés ; mais la seconde répartition arrive et donne lieu à recommencer l'opération que nous venons de décrire.

Si, au contraire, le souscripteur voulait cesser de contracter une assurance dans la Caisse de survie, ou si l'âge auquel est arrivé l'assuré ne permettait plus que cette assurance fût faite, la somme que l'on destinait à l'escompter, quand on pouvait ou qu'on voulait le faire, étant réunie aux 15,092 fr. dont nous avons parlé et placée avec eux dans la Caisse de place-ments, le paiement annuel fait, pendant les 20 ans, s'élèverait à 1,484 fr. au lieu de 1,120 fr.

On conçoit qu'au lieu de remplir toutes les formalités nécessaires, le *sociétaire* peut facilement s'en décharger sur l'administration de la Banque

Philanthropique, en fondant son directeur général de procuration à cet effet. Il nous semble
même qu'agir ainsi serait toujours sage ; car l'assurance destinée à constituer une rente n'a pour
limite de ses actions que les limites de la vie
elle-même, et le souscripteur en donnant pouvoir
de faire, en son nom, les opérations que nous
avons décrites, engage sa volonté et rend irré-
vocable un bienfait que, sans cela, il pourrait
toujours faire cesser dans un moment de mauvaise inspiration.

Et c'est ici le lieu d'observer que la rente mutuelle, due au second procédé, peut être servie,
jusqu'à la 100me année, au moins, et jusqu'à la
105me année, au plus, de celui au profit duquel
elle a été instituée. En effet, si, d'après le premier
moyen que nous avons indiqué, la rente ne pouvait pas s'étendre au-delà de la 85me année, c'est
qu'à chaque paiement annuel répondait une assurance particulière et isolée, et que la dernière assurance ne peut être faite plus tard que
65 ans. Au contraire, en suivant le procédé dont

nous nous occupons, le rentier reçoit à la fois une somme suffisante pour lui fournir 20 années de rentes, et il les reçoit 20 années aussi après son assurance. Il s'écoule donc 40 ans entre l'assurance et le dernier paiement après lequel son fonds est épuisé. Si l'assurance à la Caisse de survie a été faite par lui, à 60 ans, il touchera la rente jusqu'à 100 ans, et si l'assurance a été faite à 65 ans, le capital placé par lui ne sera épuisé, par les vingt prélèvements annuels, qu'à la 105me année ; et, de plus, comme en recueillant la répartition à sa 85me année, le sociétaire ne peut pas distraire des sommes qu'il en recueille, les 4,907 fr. destinés à former une nouvelle assurance, il peut, à son gré, ou se les réserver, et alors il entre dans les avances qu'il a faites, ou les déposer avec le reste dans la Caisse des placements, et alors sa rente s'augmente et atteint le chiffre de 1,484 fr., comme nous l'avons vu.

Les résultats généraux de cette combinaison sont faciles à saisir si l'on a suivi avec quelque

attention les explications que avons données. On
a vu qu'un père, en avançant une somme de
4,907 fr. 75 c., pouvait constituer, au profit
de son fils, par exemple, une rente de 1,120 fr.,
dont celui-ci jouirait depuis sa 21me année jusqu'à sa 105me. Si à sa 85me il voulait rentrer dans
le capital avancé par son père [1], et qui, depuis
sa 85me jusqu'à sa 105me, s'élèverait à 1,484 fr.
s'il renonçait à ce remboursement.

Le souscripteur pourrait encore payer, par
annuités, son assurance de 10,000 fr., au lieu
de l'escompter immédiatement par le versement
des 4,907 fr., dont nous avons parlé, et il suffi-
rait qu'il fît, dans ce cas, 16 paiements annuels
de 291 fr. 46 c. chacun. 291 fr. 46 c., payés
pendant 20 ans, produiraient donc, pendant
toute la durée de la vie, une rente de 1,120 fr.,
c'est-à-dire une rente égale au quadrup'e du placement fait pendant quelques années seulement.

[1] Nous verrons plus loin pages 82 et suivantes, comment le souscripteur lui-même peut se rembourser après 20 ans du capital avancé
au moyen d'une contre-assurance contractée sur sa propre tête.

Il suffit, il nous semble, d'exposer de semblables résultats pour les faire apprécier.

Comparaison des deux modes

Maintenant nous devrions dire peut-être aux pères de famille auxquels nous nous adressons quelle est des combinaisons que nous avons exposées, celle qui semble mériter leur préférence ; mais nous avouerons, qu'après y avoir réfléchi mûrement, nous avons trouvé, dans chacune, des avantages propres qui les rendent également favorables selon les différentes positions où le souscripteur est placé. Nous tâcherons de le faire comprendre en quelques mots.

Si nous envisageons d'abord le premier mode en vertu duquel le sociétaire fait, chaque année, des souscriptions séparées et que nous appelons *rentes par assurances successives*, il est constant que ce sociétaire ne fait pas à la fois des avances aussi considérables. En effet, il ne place que mille francs chaque année ; si l'assuré vient à mourir pendant le cours de la seconde,

2,000 fr. seulement auraient été aliénés par lui au profit des masses dans lesquelles cet assuré était appelé à concourir, tandis que le sociétaire qui a choisi la deuxième combinaison, doit former par la même police et dans la première année, une assurance *à terme* considérable, puisque le bénéfice qui en résulte est destiné à pourvoir aux 20 prélèvements qui constituent la rente.

De plus encore le souscripteur, qui, d'après le premier mode, reçoit la rente directement de la Caisse de survie, et qui, par conséquent, n'a aucun placement intermédiaire à faire dans la caisse des placements, ne doit d'autres frais d'administration que ceux exigés par la Caisse de survie, tandis que s'il avait préféré la deuxième combinaison, il aurait eu à payer des frais d'administration, non pas pour les 4,907 fr. au moyen desquels il aurait escompté sa mise *à terme*, mais pour les 15,092 fr. environ qu'il aurait eu à déposer dans la Caisse des placements.

Si les *rentes par assurances successives* ont ces deux avantages, nous pourrons en trouver d'autres dans les *rentes par prélèvements* (c'est ainsi que nous désignons la seconde combinaison), qui seraient de nature, dans certaines positions données, à déterminer la préférence.

Ces dernières réunissent aux fructifications énormes qui résultent de la mutualité, le seul avantage qui puisse militer en faveur des assurances à *primes fixes*, surtout quand il s'agit de rentes annuelles, nous voulons dire la fixité des produits. En effet, dans les opérations mutuelles, comme nous l'avons expliqué déjà, le produit dépend du nombre des copartageants, et ceux-ci calculés d'après des résultats généraux et des statistiques dressées par *moyennes*, subissent nécessairement une légère oscillation autour des *moyennes* admises. Quelque faible que soit la variation, elle peut être surtout fâcheuse pour un rentier qui voit chaque année augmenter et diminuer tour à tour le revenu qu'il attend. Comme d'après le mode de *rentes par assurances successives*, chaque paiement annuel dépend d'une répartition *mutuelle*, séparée et spéciale, chaque

paiement devra aussi différer de celui qui l'aura
précédé en plus ou en moins, cette différence ne
sera que de quelques francs, nous en sommes
convaincus, mais enfin elle aura lieu, tandis que,
par la combinaison des *rentes par prélèvements*,
elle disparaît pour chaque période de 20 ans.
En effet, cela résulte des conditions de l'assurance et de calculs faits à l'avance, avec la connaissance parfaite de tous les éléments qui doivent y entrer. La somme destinée à servir *la
rente* pendant 20 ans, produit, à partir de son
placement, des intérêts fixes et connus : il est
donc facile d'arriver à des prélèvements égaux.

Nous avons peut-être donné, par nos explications, à ce léger avantage plus d'importance
qu'il n'en a en effet, mais nous tenons à être clair,
car dans des opérations de ce genre, tout doit
être mûrement réfléchi et mûrement compris.

Nous avons à peine besoin de rappeler que la
rente par prélèvement peut être servie jusqu'à la
105${}^{\text{me}}$ année, c'est-à-dire après le terme de la plus
longue existence ordinaire tandis que la *rente*

(59)

par assurances successives devra nécessairement cesser à 85 ans au plus tard. Cette considération nous semble avoir quelque gravité.

Il faut ajouter encore, que si, dans des *assurances successives*, l'avance à faire à la fois n'est pas, comme nous l'avons vu, aussi considérable, la perte éprouvée par le décès de l'assuré, si une période de 5 ans s'est déjà écoulée, devient au contraire plus importante, car chaque paiement de rente dépendant d'une répartition spéciale qui tient à l'accomplissement de certaines conditions, toutes les assurances à échoir sont perdues pour le rentier, tandis qu'au moyen des *prélèvements*, la possession des fonds déposés dans la CAISSE DES PLACEMENTS et qui fournit à ces prélèvements, est toujours acquise au souscripteur ou à ses ayants cause.

Ainsi que l'assuré meure après huit *assurances successives* et le souscripteur perd les 8,000 fr. qu'il a versés dans la caisse des placements ; qu'il meure huit ans après son assurance *à terme* pour arriver à une *rente par prélèvement*, et il ne perd que les 4,907 fr. qu'il a payés pour escompter cette assurance, s'il a suivi cette marche prudente.

Que l'assuré meure après la première période de 20 ans et par conséquent après la première répartition ouverte à son profit, le souscripteur perd nécessairement par les *assurances successives* les mises des vingt assurances qui sont pendantes, si je puis m'exprimer ainsi, tandis que par le mode des *rentes par prélèvement*, s'il perd les 4,907 fr. qu'il a consacrés à l'escompte de la seconde assurance à terme de 10,000 fr., il retrouve dans la caisse des placemen tsune somme qui est d'autant plus forte que moins de prélèvements ont été faits au profit de l'assuré.

Ainsi, nous le répétons, chacune de ces deux opérations a ses avantages relatifs, chacune peut convenir plus ou moins selon les positions diverses de ceux qui sont appelés à en jouir. Mais ce que nous voudrions bien faire comprendre ici, c'est que leurs avantages absolus sont exactement les mêmes dans les ceux cas. Cette vérité résulte de l'essence même de la mutualité, et constitue évidemment un de ses plus grands priviléges. Qu'on remarque bien ici, que quelle que soit la combinaison choisie, tout se passe entre les même personnes, tout repose sur les mêmes éléments; ainsi, peu importe l'ordre dans lequel on dispose ces facteurs identiques, l'apparence des résultats peut bien varier, les résultats eux-mêmes sont invariables, il peut n'y avoir pas *identité*, mais *l'égalité* existe toujours.

Les ASSURANCES destinées à constituer des pensions sont, à notre avis, de bonnes et utiles fondations, quand elles présentent à l'assuré d'incontestables garanties. Elles sont utiles, car elles offrent un avenir certain à beaucoup de célibataires, en France, qui désirent se constituer des rentes viagères et qui ne trouvent pas toujours des placements avantageux. Les personnes qui ordinairement empruntent de l'argent en viager, ont une fortune personnelle suffisante pour garantir les sommes empruntées; mais on ne trouve pas toujours chez elles l'exactitude à

laquelle tient la vie tout entière du rentier ,
et qu'il est sûr de rencontrer dans les adminis-
trations publiques. Il faut, pour qu'un particulier consente à courir les chances souvent onéreuses auxquelles s'expose celui qui constitue
une rente viagère, il faut, dis-je, qu'il ne puisse
pas se procurer facilement une somme d'argent,
remboursable dans un délai fixe, mais accordée
sous la charge d'intérêts ordinaires ; il arrive
presque toujours qu'il n'emprunte en viager que
pour échapper à cette condition difficile pour lui,
du remboursement. Or cette crainte révèle une
position qui peut-être ne lui permettra pas toujours d'accomplir avec rigueur les engagements
qu'il s'est imposés ; souvent il sera obligé de demander à son créancier des délais pour les paiements, il lui fera attendre la pension promise.
Ces considérations ne sont pas une vaine théorie,
tous les jours la pratique vient confirmer ce que
nous avançons ici ; et l'on aurait peine à compter
les procès qui surgissent incessamment pour des
réclamations semblables, et les expropriations

nombreuses qui en sont la fatale conséquence. C'est pour éviter de semblables périls, c'est pour ne pas vivre chaque jour dans l'incertitude du lendemain, que le célibataire doit, à notre avis, s'adresser aux compagnies d'assurances plutôt qu'à un particulier.

Si à tous ces avantages que présentent les sociétés spéciales, on ajoute les bonifications qui résultent des décès dans les masses mutuelles, on arrive facilement à se convaincre que les constitutions individuelles de rentes viagères ne peuvent présenter des résultats semblables.

Et c'est surtout quand il s'agit des jeunes enfants, c'est surtout lorsque le père, non pas en constituant en viager toute sa fortune, mais en confiant une parcelle de cette fortune à une société sage et bien établie, peut assurer de loin l'avenir de sa famille, qu'il doit se garder d'abandonner cet avenir au hasard de la fortune. Il y a pour l'homme sage une condition indispensable du bonheur, c'est la garantie de son indépendance. Entre l'opulence et la médiocrité il n'y a qu'une

CHAPITRE V.

CAISSE DE PRÉVISION.

—

Cette caisse est mutuelle. — Elle s'applique au recrutement. — Le fonds commun est partagé entre tous ceux qui font partie du contingent. — La faculté de se faire remplacer sous les drapeaux est-elle un privilége? — *Classes* ou masses formées de jeunes gens nés dans la même année. — Explication de ce système. — L'assurance souscrite jusqu'à 21 ans. — Les assurés réunis en grand nombre et non par 5, 10 ou 100. — Avantage. — Justifications à faire pour avoir droit au partage de la masse. Exception en vertu de l'art. 14 de la loi sur le recrutement. — Les sociétaires à terme paient leur mise à la dix-huitième année de l'assuré. — Comment les mises sont fixées. — Des accroissements annuels et mensuels. — Produits. — 100 fr. souscrits à terme à la naissance, rapportent 830 fr. — Souscrits au comptant à la naissance, rapportent 1,840. — Résultats déjà obtenus. — Ils confirment les calculs. — Avantages de la caisse de prévision sur les compagnies de remplacement militaire.

La caisse de prévision est fondée sur le principe qui sert aussi de base à la caisse de survie, c'est-à-dire sur la *mutualité*; les décès con-

différence du plus au moins; il n'y a que des jouis-
sances plus vives, des plaisirs plus abondants;
mais entre la médiocrité et le dénûment il y a un
abîme, il y a la liberté. Il n'est pas, à notre avis,
un père prévoyant, qui ne doive assurer à son
fils un revenu suffisant pour le mettre à l'abri du
besoin, pour lui permettre de suivre à son gré la
vocation qui lui convient, la profession qui lui
plaît, les occupations qui l'entraînent; que ce fils
puisse s'enrichir, mais qu'il ne puisse jamais être
privé du nécessaire ; qu'il travaille pour se procurer plus d'aisance, mais ne travaille pas pour
vivre, voilà, nous le répétons, voilà la véritable
condition du bonheur.

courent aussi à accroître la part que chacun a déposée dans la caisse commune, mais une nouvelle chance vient augmenter le bénéfice réparti à chacun, c'est le *recrutement militaire* et *l'appel sous les drapeaux*. Les sociétaires désignés par le sort pour faire partie de l'armée, partagent la masse à l'exclusion de leurs co-associés dispensés du service.

De bons esprits, des hommes aux opinions desquels nous sommes habitués à accorder quelque confiance, ont considéré la possibilité du remplacement militaire comme un privilége institué au profit des riches, comme une dernière trace de cette inégalité civile que la raison moderne repousse unanimement.

Nous ne sommes, grâce à Dieu, le défenseur d'aucun privilége et d'aucun monopole de quelque nature qu'il puisse être, et cependant nous reconnaissons d'une manière formelle la nécessité de la loi qui autorise le remplacement militaire. Nous pensons que l'égalité ainsi qu'on l'entend en repoussant cette loi, constituerait,

au détriment du pays et au préjudice des individus, une inégalité réelle et déplorable. Nous
allons nous expliquer.

Dans une société fondée sur la guerre pour
laquelle la guerre est non pas seulement un
moyen, mais un but, comme l'était à peu
près celle de l'ancienne Rome, la carrière des
armes doit être ouverte à tous les hommes li-
bres, doit être *obligatoire* pour tous. En effet,
l'association est organisée militairement, c'est
un camp véritable qui n'a d'autres lois que celles
de la discipline; la civilisation, nécessairement
peu avancée, ne possède qu'un nombre très-res-
treint d'éléments de sociabilité, et n'offre que
fort peu de mobiles à l'action intellectuelle des
individus. Les sciences, les arts, l'industrie naissent avec peine, mal protégés par la sécurité
précaire de l'arrière-garde. Dans de telles circonstances, le citoyen ne peut rendre de services
à son pays que les armes à la main; l'état ne
peut exiger de lui que la défense de son terri-
toire envahi par les hordes voisines ou le pillage

de leurs trésors dont il recueille sa part. Tout homme qui, dans une semblable société, refuse le secours de son bras, doit être accusé de trahison et de lâcheté, les deux plus grands crimes qu'on y connaisse.

En est-il de même chez nous? La cité ne peut-elle encore utiliser les aptitudes de chacun qu'en lui mettant les armes à la main? Quand des voies si diverses s'ouvrent pour toutes les intelligences, quand les spécialités deviennent tous les jours si nombreuses qu'il est impossible à une tête si vaste que la nature l'ait faite, d'embrasser une science ou un art tout entier, quand les travaux de l'intelligence et les opérations de l'industrie se ramifient si prodigieusement, vous ne prétendez pas sans doute que l'oisiveté de la garnison soit l'emploi du temps à la fois le plus noble et le plus profitable au pays? A d'autres besoins, il faut d'autres instruments de satisfaction. L'esprit guerrier s'efface tous les jours, et les armées pacifiques de travailleurs parcourront seules, dans peu de temps, la vieille et belliqueuse Europe, pour réparer les désastres, pour faire oublier les douleurs dont les tueurs d'hommes l'ont abreuvée. Ce sont là les milices qu'il faut discipliner et auxquelles il faut donner des chefs. C'est sur elles que repose l'espérance d'une prospérité nationale vraiment grande, et chacun sait bien aujourd'hui que les Laplace, les Lavoisier, les Dulong, les Cuvier, les Merlin, les Thierry, les Guizot ont plus fait pour la solide gloire de leur pays que tous les hommes aux grosses épaulettes.

Pour constituer un semblable état de choses, il ne faut pas gêner le développement intellectuel de la population d'élite, il ne faut pas couper en deux l'existence des hommes destinés à un noble avenir, et perdre la moisson pour avoir étouffé la semence.

Je n'ai pas mission de défendre la jeunesse dorée de la finance ; son oisiveté et ses joyeusetés, brutales seraient peut-être moins nuisibles en garnison que sur nos boulevards ; mais j'aime et je défends cette bonne jeunesse studieuse, avide

de savoir et de rendre au pays en progrès et en
institutions bienfaisantes, ce qu'elle en a reçu de
soins et de culture. Ce serait une terrible égalité que celle qui, sur le hasard d'un numéro,
perdrait à plaisir toute la carrière d'un homme
d'intelligence, en déroutant son aptitude, en l'o-
bligeant à se vouer à une carrière pour laquelle
il n'aurait aucune sympathie.

Que l'on considère en effet que l'obligation du
service militaire imposerait à chacun des charges
bien différentes. Les uns auraient tout à perdre,
d'autres pourraient y obéir avec indifférence,
d'autres encore y trouveraient de nombreux
avantages.

En effet, le jeune homme qui se voue à la
carrière des sciences ou de l'industrie, devrait
perdre toute espérance de poursuivre son but,
quand ses études auraient été interrompues pendant les sept années les plus belles et les plus
utiles de sa vie, tandis que l'artisan des villes ne
peut oublier un métier dans lequel il est déjà
complétement instruit à l'époque où la loi vient

le saisir, métier que , la plupart du temps , il peut faire servir à l'amélioration de sa position pendant les années qu'il donne à l'état , et dont enfin il lui est toujours facile de reprendre l'exercice après l'accomplissement de sa tâche, reliant ainsi sans peine les deux parts de sa vie civile.

Pour l'ouvrier de la campagne, il trouve dans le régiment une éducation dont il était complétement dépourvu, une sorte d'initiation à la vie sociale, qui le ramène dans ses foyers presque toujours supérieur aux anciens compagnons qu'il a quittés.

Enfin c'est à tort , selon nous, que l'on a vu un privilége dans la faculté donnée à chacun de se faire remplacer au service de l'état. Les atta-ques dont elle a été l'objet ne devaient pas, se-lon nous, lui être directement portées. C'était un privilége que ce droit absurde qu'avaient au-trefois les gentilshommes d'arriver aux grades élevés de l'armée, à l'exclusion des hommes pri-vés de titres ; c'est un privilége que l'avantage

accordé à certaines classes au détriment des autres. Dans l'état actuel, tous jouissent au contraire du *droit* de se dispenser du service militaire
en envoyant un remplaçant sous les drapeaux.
C'est un *droit* illusoire, dira-t-on, que celui dont
une immense partie de la population ne peut pas
réclamer le bénéfice; le riche seul peut en profiter, puisque seul il possède la fortune qui lui
en assure le maintien. Oui, sans doute, mais il
n'en est pas moins constant que le *droit* en lui-
même ne constitue pas le privilége, et que le
blâme doit retomber tout entier sur la répartition de la fortune privée. Si chacun possédait
la somme nécessaire pour acheter un remplaçant, il n'y aurait de privilége pour personne,
et l'armée se recruterait seulement parmi les
hommes qui ont pour la carrière militaire une
vocation puissante, ou parmi ceux qui préfèrent
le bénéfice qui leur est offert et la vie sans in-
quiétude du soldat, à la misère de l'ouvrier; et
certes, ceux-là seraient aussi utiles au pays que le
laboureur qui rejoint à regret son corps, décidé

à le quitter au plus vite, dût-il s'exposer aux peines terribles qui attendent la désertion.

Donner à chacun cette somme nécessaire, effacer tout vestige de privilége dans le remplacement militaire, c'est précisément ce qu'a tenté la BANQUE PHILANTHROPIQUE. Il nous reste à voir comment elle a réussi à appliquer un principe, qui est à nos yeux irréprochable.

Ici nous sommes obligés de rappeler ce que nous avons dit à propos de la CAISSE DE SURVIE. Dans celle DE PRÉVISION, la répartition ne peut plus être faite indifféremment à tous les âges, il faut qu'elle arrive précisément à celui où le jeune homme tire au sort, il faut, par conséquent, que tous ceux qui sont destinés à courir cette chance dans une même année, soient placés dans une seule masse commune, afin d'en recueillir le bénéfice à une même époque.

Les assurés sont donc partagés par *classes*, dont chacune est formée de ceux nés dans la même année, quel que soit l'âge auquel ils ont été assurés. Ainsi deux individus nés en **1828** par exemple, sont compris dans la même *classe*, bien que l'un se soit assuré en 1834 et que l'autre ne doive le faire qu'en 1840. Mais comme ce dernier a couru avant son assurance des chances de mort ou d'exemption légale qui n'ont pas pu profiter à la société , et qu'en entrant dans sa classe, il a plus de certitude que n'en avait son co-assuré de remplir les conditions de l'assurance, il devra payer une mise plus forte en compensation des chances plus faibles qu'il court.

L'assurance à la Caisse de Prévision peut être souscrite depuis la naissance de l'enfant, jusqu'à l'époque de son tirage au sort, et chaque classe reste ainsi ouverte pendant tout le temps qui s'écoule entre ces deux époques.

Pour avoir droit à la répartition du fonds commun de la *classe* où l'assuré est placé, le souscripteur doit établir, par des certificats authentiques, que cet assuré est compris dans le contingent de l'armée, ou qu'il se trouve dans l'un des cas prévus par l'art. 14 de la loi du 21 mars 1832.

On sait que cet art. 14 considère comme ayant satisfait à l'appel et compte numériquement *en déduction* du contingent à former, les jeunes gens désignés par leur numéro pour faire partie dudit contingent, qui se trouvent dans l'un des cas suivants[1]. 1" Ceux qui sont déjà liés au service, dans les armées de terre ou de mer, en vertu d'un changement volontaire, d'un brevet ou d'une commission. — 2" Les jeunes marins portés sur les registres matricules de l'inscription maritime, conformément aux règles prescrites par les art. 1, 2, 3, 4 et 5 de la loi du 25 octobre 1795 (3 brumaire an IV), et les charpentiers de navire, perceurs, voiliers et calfats immatriculés, conformément à l'art. 44 de ladite loi. — 3" Les élèves de l'école polytechnique. —

[1] La différence qui existe entre cet art. 14 et l'art. 13 est facile à saisir ; l'art. 13, en exemptant les individus qu'il désigne, en appelle d'autres pour les remplacer dans la formation du contingent, tandis que l'art. 14 considère ceux qu'il concerne comme faisant un service équivalent au service militaire, et n'appelle point de numéro subséquent pour le remplacer. (*Galisset*.)

4° Ceux qui, étant membres de l'instruction publique, ont contracté, avant l'époque déterminée par le tirage au sort, l'engagement de se vouer à la carrière de l'enseignement. La même disposition est applicable aux élèves de l'école normale centrale de Paris, à ceux de l'école dite de jeunes de langue et aux professeurs des institutions royales des sourds et muets. — 5° Les élèves des grands séminaires, régulièrement autorisés à continuer leurs études ecclésiastiques ; les jeunes gens autorisés à continuer leurs études pour se vouer au ministère dans les autres cultes salariés par l'état. — 6° Les jeunes gens qui ont remporté les grands prix de l'institut ou de l'université.

Et qu'on le remarque bien ici, la Banque Philanthropique associe *tous les sociétaires* entre eux et non pas quelques-uns seulement, comme font les tontines quand elles réunissent leurs assurés par cinq, par dix, par vingt ou par cent.

Elle réalise ainsi une association qui se trouve

réellement dans les conditions de la *mutualité* et à laquelle on peut appliquer le calcul de la statistique.

Des associations de cinq, dix, cent individus peuvent être tout entières comprises dans un cas exceptionnel, et dès lors il n'y a plus de chances réellement probables d'après les données de la statistique.

Ainsi, on le voit, et nous insistons à dessein sur les différences qui séparent la Caisse de Prévision de la Caisse de Survie ; dans la première, la répartition a lieu à *un âge donné* de l'assuré ; dans la seconde, elle se fait à une *époque donnée après l'assurance*. Dans la première, les individus sont réunis *par âge à quelque époque qu'ils s'assurent ;* dans la seconde, les assurés forment des masses par *époque d'assurance,* bien qu'ils *n'aient pas le même âge ;* dans l'une, *la classe* reste ouverte pendant dix-huit ou vingt ans, et pendant tout ce temps les assurés viennent s'y placer, en vertu de leur âge ; dans l'autre, quatre *sections* sont ouvertes et fermées dans le cours d'une seule année, et les assurés qui y figurent n'ont rien de commun avec ceux qui ont concouru aux sections de l'année précédente ou qui sont appelés à composer celle de l'année suivante.

Les assurances peuvent être souscrites à terme ou au comptant dans la Caisse de Prévision.

Le délai accordé au souscripteur *à terme* pour verser sa mise, s'étend jusqu'au 1ᵉʳ janvier de l'année où l'assuré doit compléter sa dix-huitième année, s'il est âgé de moins de dix-sept ans. Dans le cas contraire, il ne peut plus souscrire qu'en payant immédiatement.

Les mises à terme forment des masses distinctes de celles que composent les *mises au comptant*.

Nous avons vu tout à l'heure que le taux de la mise augmente à mesure que l'âge de l'assuré est plus considérable, cette mise doit donc être à son *minimum* pour l'enfant au nom duquel on contracte une assurance à l'époque même de sa naissance. C'est ce qui arrive en effet. Pour cette époque la Banque Philanthropique a adopté une mise, qu'elle appelle *fixe*, et qui sert pour ainsi dire d'*étalon*, cette mise est de 100 fr., puis en doublant, triplant..... décuplant cette mise fondamentale, elle a créé 10 *quotes* de 100 f., 200 f., 300 fr. . . . . 1000 fr. Par une opération inverse et en prenant la moitié, puis le quart de cette mise, elle a créé une onzième et une douzième *quotes* de 50 et de 25 fr.

Ainsi le souscripteur qui veut assurer un enfant dès sa naissance, choisit une de ces *quotes* et verse ou s'engage à verser 50, 100, 200, . . . 1000 fr., si l'assuré a trois ans, par exemple, le taux de la souscription au lieu d'être la mise fondamentale elle-même devient :

Pour les *mises à terme*, cette mise plus l'augmentation produite par les chances de mortalité ou d'exemption légale non courues au profit de la masse.

Pour les *mises au comptant*, ces trois éléments plus les intérêts accumulés qu'auraient produit la *mise fondamentale*, si elle avait été versée à la naissance.

Ce sont ces accumulations données d'une manière exacte par les calculs de probabilités, qui ont obligé la Banque Philanthropique à établir ainsi des mises déterminées et qui l'ont empêchée de laisser les fixations de ces mises à la libre disposition des *sociétaires*.

Ainsi, à trois ans, la mise s'élèverait, si l'on avait choisi la *quote* de 1000 fr., par exemple :

Dans le cas des mises *à terme*, à 1710 fr.

Dans le cas des mises *au comptant*, à 1920.

Cette combinaison parfaitement équitable et basée sur des calculs rigoureux, a, selon nous, l'avantage de hâter la prévoyance des pères de famille, et de leur faire comprendre combien l'avenir est plus beau et plus fructueux à mesure qu'on le prépare de plus loin.

On a deviné déjà sans doute, que ces deux espèces de mises (*à terme* et *au comptant*), qui différaient et par le taux des accroissements annuels, et surtout par l'époque du versement, devaient différer aussi par le produit ; cette différence provient tout naturellement du cumul des intérêts qui augmente les *mises au comptant* et ne peut s'ajouter aux *mises à terme*.

Une mise à terme de 1000 fr., à la naissance, produit donc environ 8300 f., au moment de la répartition.

Une mise égale, au comptant, devra produire à peu près 18400 f.

Le produit devra nécessairement doubler, tripler. . . . . décupler, lorsque la mise aura subi les mêmes accroissements, c'est-à-dire, lorsqu'on aura choisi une mise fondamentale de 2000, 3000. . . . . 10000 fr.

Nous avons déjà expliqué en commençant que les résultats ne peuvent être appréciés que d'une manière approximative, puisque l'assurance est mutuelle ; mais la Banque Philanthropique annonce que les supputations ont été faites avec le plus grand soin sur les tables de mortalité de Duvillard, et l'expérience est venue pleinement confirmer ses calculs, puisque nous trouvons dans une note publiée par les journaux, vers le 15 juillet 1838, le passage suivant.

« Les produits ont été évalués par la Banque
» Philanthropique à environ *huit fois la mise*,
» souscrite à la naissance, et *payable quatre ans*
» *seulement avant la répartition*, ou 1,000 francs
» pour 200 francs.

» Les répartitions réalisées ont produit aux
» ayant droit des classes liquidées les bénéfices
» suivants :

» Classe de 1833. Rapport du produit à la mise
» de naissance. . . . . $7\frac{33}{100}$
» (Mise à la naissance, 200 fr., pro-
» duit : 1,466 fr.)

» Classe de 1834. Rapport du produit à
» la mise de naissance. . . . . $9\frac{4}{100}$
» (Mise à la naissance, 200 fr., pro-
» duit : 1,880 fr.)

» Classe de 1835. Rapport du produit à
» la mise de naissance. . . . . $7\frac{67}{100}$
» (Mise à la naissance, 200 fr., pro-
» duit : 1,534 fr. 48 c.)

» Classe de 1836. Rapport du produit à
» la mise de naissance. . . . . $8\frac{27}{100}$

(83)

» (Mise à la naissance, 200 fr., pro-

» duit : 1,654 fr. 86 c.) »

La répartition, qui a été faite le 10 septembre 1838, par la Banque Philanthropique, a donné les résultats suivants :

Classe de 1837. Rapport du produit à

la mise de naisance. . . . . . . $7 \frac{20}{100}$

(Mise à la naissance, 200 fr., pro-

duit [1] : 1440 fr. 82 c.

Ces résultats heureux doivent éveiller puissamment l'attention des familles, et leur prouver avec évidence qu'une *prévoyance hâtive* est pour l'avenir de leurs enfants une haute garantie d'aisance et de prospérité. Les assurances ainsi appliquées au jeune âge, et fort antérieures au

[1] On doit remarquer ici que ces produits ont été obtenus pour des années où l'appel était de 80,000 hommes, tandis que la Banque Philantropique, en prenant la moyenne des appels pendant les vingt dernières années, n'avait admis pour ses calculs qu'un contingent de 60,000, il s'ensuit que les résultats obtenus sont plus forts que l'avait prévu cet établissement.

risque que l'on veut assurer ne nécessitent plus que le paiement d'une prime presque insensible, et trop faible, par conséquent, pour rien changer, même momentanément, à la position du sociétaire.

On ne saurait donc établir aucune comparaison entre les assurances de recrutement instituées par la Banque Philanthropique, et les opérations des marchands d'hommes. Dans ceux-ci, en effet, les produits sont peu considérables, parce qu'ils ne peuvent être préparés que peu de temps à l'avance; les chances de mortalité, d'exemption légale, de réforme, n'ont aucune influence sur la bonification des sommes mises entre leurs mains, et le hasard du numéro est le seul élément du bénéfice. Aussi quelle diversité dans les produits, quelle différence dans le sacrifice imposé aux pères de familles !

Bien plus, les assurances ordinaires contre le recrutement garantissant à l'assuré un remplaçant et non pas une somme d'argent, ne peuvent être utiles qu'à celui qui, appelé sous les drapeaux, veut se dispenser du service de l'état ; mais la Banque Philanthropique ne présente pas seulement le moyen *d'acheter un homme*, comme on dit ; elle fait jouir encore des bénéfices de l'assurance tous ceux qui, ayant amené un mauvais numéro, sont engagés volontaires, ou qui, se trouvant dans des cas prévus par la loi, sont déchargés du service militaire. Ainsi, le jeune homme entrainé par ses goûts dans la carrière des armes, trouve dans la Banque Philanthropique une haute paie pour tout le temps de sa présence au corps, ou le moyen de rendre plus léger dans sa famille le ressentiment de son absence. Celui qui est engagé dans les ordres, et qui se destine à l'état ecclésiastique, profite aussi de la répartition, et devient ainsi possesseur d'un pécule bien utile souvent aux premières années de sa vie religieuse. De semblables avantages sont inconnus dans les sociétés de remplacement militaire, parce que, nous le répétons, elles n'ont pas pu mettre en pratique le système fructueux des assurances à la naissance.

Mais prises même à l'époque du tirage, ces sociétés offrent incontestablement moins d'avantage que la Banque Philanthropique. Il faut, pour s'en convaincre, remarquer seulement que l'état, depuis quelques années, en faisant des appels de 80,000 hommes, n'exige cependant qu'un effectif moitié moindre. Ainsi, pour les marchands d'hommes qui, comme nous l'avons vu plus haut, ne s'engagent qu'à donner un *remplaçant* à celui *qui part*, le contingent n'est en réalité que de 40,000 hommes, tandis que, pour la Banque Philanthropique, ce contingent est composé de tous les hommes désignés par le sort et par les conseils de révison, pour faire partie de l'armée, qu'ils soient d'ailleurs compris dans l'*effectif* ou dans la *réserve*, c'est-à-dire de 80,000 jeunes gens. On a donc dans cette institution une chance sur deux, d'obtenir le bénéfice qui résulte de la répartition, sans être grevé des charges qu'elle est destinée à prévenir; de sorte que ce produit devient pour les jeunes gens placés dans la réserve, une somme disponible entre leurs mains ; et cependant ce privilége leur est acquis sans aucun préjudice pour leurs co-associés obligés de rejoindre le corps, puisque, malgré ces conditions si avantageuses, l'assurance même, lorsqu'elle est contractée à l'*époque du tirage*, n'est pas plus onéreuse à la Banque Philanthropique que dans les sociétés de remplacements militaires.

Enfin, si les garanties y sont plus solides, il ne pourra plus demeurer aucun doute dans l'esprit des pères de famille, et cette supériorité nouvelle est la conséquence nécessaire du principe sur lequel la Banque Philanthropique est instituée, c'est-à-dire de la *mutualité*, qui promet à tous un produit certain, qui, séparant complétement les intérêts des sociétaires-souscripteurs des intérêts de la compagnie chargée de gérer leurs fonds, rend impossible toute perte, tout dommage, et surtout toute faillite, si redoutable dans des établissements où la *marchandise* à fournir peut, par mille circonstances diverses et de tout genre, représenter des prix si variables que l'assureur n'est jamais sûr de pouvoir tenir ses engagements, ou que l'assuré peut toujours craindre d'avoir payé un prix exorbitant.

CHAPITRE VI.

CAISSE DOTALE.

—

Elle est mutuelle. — Divisée en *classes* distinctes par sexe. — La masse est partagée entre tous les sociétaires dont les assurés sont mariés à 24 ans pour les filles; mariés ou ordonnés prêtres à 30 ans pour les garçons. — Mises a terme payées à 20 ans pour les filles, à 26 ans pour les garçons. — Les mises sont réglées dans cette caisse comme dans la précédente, — Produits : Pour 100 fr. à terme, souscrits à la naissance, 800 fr. environ. — Pour 100 fr. au comptant, souscrits aussi à la naissance, environ 1,700 fr. — Contre-assurances sans aliénation de capital en cas de mort de l'assuré. — Explication de ces combinaisons. — De l'utilité de la caisse dotale. — De l'importance qu'il y a à doter les jeunes filles que leur pauvreté oblige au célibat. — Documents statistiques à l'appui.

Les développements que nous avons donnés aux combinaisons la Caisse de Prévision rendront pour la Caisse dotale notre tâche facile, car l'économie de ces deux assurances est exactement la même.

La Caisse dotale en effet est mutuelle comme les deux que nous avons déjà examinées.

Son nom indique assez son but, elle veut aider les jeunes ménages, et, pour y arriver, elle offre une *dot* à ceux auxquels une famille nouvelle et les charges de la vie intérieure imposent de nouveaux besoins ; elle tend à constituer les familles en perpétuant l'aisance dans leur sein.

Elle est aussi divisée en *classes* composées des enfants du même âge, semblables à celles de la Caisse de Prévision ; mais les enfants de sexes différents sont placés dans des *classes* distinctes et qui donnent lieu à des répartitions séparées.

Les conditions que l'assuré doit remplir sont nécessairement modifiées par le but même de l'assurance, ainsi, dans cette caisse, le souscripteur doit établir :

1° L'existence de son assuré à trente ans si c'est un garçon, ou à vingt-quatre ans si c'est une fille.

2° Le mariage ou l'ordination de l'assuré avant trente ans si c'est un garçon, et le mariage avant vingt-quatre ans si c'est une fille.

L'assurance à la caisse dotale peut être souscrite depuis la naissance jusqu'à vingt ans pour un garçon et dix-huit ans pour une fille. Elle peut être aussi contractée *au comptant ou à terme*.

Le délai, accordé au souscripteur *à terme* pour verser sa mise, s'étend jusqu'au 1ᵉʳ janvier de l'an où son assuré doit compléter sa 20ᵉ année si c'est une fille, ou sa 26ᵉ année si c'est un garçon.

Nous n'insisterons pas sur l'accroissement des mises correspondant à l'âge de l'assuré, ni sur la création de *quotes* fixes, il suffit, pour comprendre cette opération, de se rappeler le chapitre consacré à la CAISSE DE PRÉVISION, et de réfléchir que les *mises à terme* doivent s'accroître de toutes les chances de mortalité courues par l'assuré au détriment du fonds commun auquel il ne s'était pas associé, et que les mises *au comptant* augmentent en outre par le cumul des intérêts.

Mais comme, pour ces accroissements, on ne

peut plus tenir compte des cas d'exemption légale ou de réforme, qu'il fallait calculer dans la Caisse de Prévision, il s'ensuit qu'ils sont moins considérables que dans cette combinaison.

Ainsi, à 3 ans, la mise s'élèverait, si on a choisi la quote de 1000 fr. par exemple :

Dans le 1er cas, *mises à terme*, à 1610 fr.

Dans le 2e cas, *mises au comptant*, à 1810 fr.

La conséquence logique de la diminution des tarifs qui fixent la prime à payer pour l'assurance, a dû être dans le produit à espérer une diminution relative.

Une *mise à terme* de 1000 fr. à la naissance, produit donc environ 8000 fr. au moment de la répartition ; et une mise égale *au comptant* devra produire à peu près 1,7000 fr.

En combinant ensemble et par application du système des contre-assurances, les Caisses Dotale et de Prévision avec la Caisse de Survie, on parvient à détruire les chances défavorables, qui entraînent dans les premières la perte du capital,

sans cependant diminuer le bénéfice qu'elles pro
curent.

Nous trouvons l'explication de ce mode d'assurance dans un document publié par la BANQUE
PHILANTHROPIQUE, nous la rapportons ici textuel-
lement.

« Si un père assure son fils à la CAISSE DOTALE
» pour une somme de 1,000 fr. à terme, et si
» ce jeune homme ne se marie pas, bien qu'il
» survive, le père de famille perdra les 1,000 fr.

» Si, au contraire, le père de famille, en met-
» tant 1,000 fr. à la CAISSE DOTALE sur la tête de
» son fils, a mis en même temps 1,000 fr. à terme
» ou 500 fr. au comptant, sur la même tête, à la
» CAISSE DE SURVIE, voyons ce qui arrivera :

» Le fils, assuré à sa naissance, vit à vingt
» ans, il reçoit de la CAISSE DE SURVIE pour sa
» mise à terme de 1,000 fr. un produit de
» 2,000 fr.

» Mais cette mise lui a été produite par un
» déboursé de 1,000 fr., il n'a donc qu'un bé-
» néfice de 1,000 fr.

» Arrivé à trente ans, il n'est pas marié, il
» perd sa mise à la Caisse Dotale, mais les
» 1,000 fr. qu'il a gagnés à la Caisse de Sur-
» vie compensent cette perte; ainsi il pouvait
» gagner 8,300 fr. à la Caisse Dotale, et il ne
» courait aucun risque de perdre qu'en cas de
» mort.

» Si même il avait mis 500 fr. au comptant à
» la Caisse de Survie, ces 500 fr. produisant
» 2,500 fr., il gagnerait 500 fr.

Il est encore un autre moyen, si nous ne nous abusons, de donner à l'assurance le caractère d'un simple placement *sans aliénation de capital*, même dans le cas de mort de la personne assurée. Le souscripteur n'a, pour atteindre ce but, qu'à stipuler une assurance à la caisse de survie *sur sa propre tête*, et alors il a deux *chances* de retirer de ses assurances un bénéfice important, une chance de n'y trouver ni perte ni gain, et une enfin de perdre les deux capitaux. On voit qu'une opération semblable est incontestablement avantageuse, puisque, par une combinaison habile, on rend les probabilités de gain plus considérables que les probabilités de perte.

En effet, si l'assuré meurt ou ne remplit pas les conditions de la police, le souscripteur survivant trouve dans le bénéfice de son assurance à la CAISSE DE SURVIE, une somme assez forte pour le désintéresser complétement des deux mises qu'il a versées.

Si l'assuré, au contraire, *survit seul* et remplit les obligations du contrat, le fruit de la répartition est pour lui bien plus considérable que les deux mises versées par le souscripteur.

Enfin, si le souscripteur survit en même temps que l'assuré arrive à la répartition, les bénéfices, *aux deux* CAISSES, se réunissent au profit du souscripteur. .

Il faut donc, pour que le capital soit aliéné tout entier au profit de la masse, que souscripteur et assuré à la fois succombent à la chance de mortalité : malheur peu probable et qu'on ne doit pas craindre.

Ce n'est évidemment que par une combinaison

semblable de souscriptions dans plusieurs CAISSES
que l'on peut parvenir à constituer des assurances *sans aliénation de capital* et pourtant produisant *d'importants bénéfices* ; car un moment de
réflexion suffit pour convaincre que des assurances contractées dans une même caisse ne pourraient donner en produit *que les intérêts* des mises
versées si l'on devait rendre à chacun le capital qu'il aurait engagé.

On conçoit encore que le père qui a plusieurs enfants et qui les assure *tous* à la BANQUE
PHILANTHROPIQUE, constitue à son profit une véritable assurance *sans aliénation de capital*, car, en
supposant qu'il perde plusieurs de ses enfants,
en supposant même que les lois de la mortalité
lui soient manifestement défavorables, il devra
obtenir par la répartition accordée à ceux qui
auront rempli les conditions nécessaires, un bénéfice toujours capable de *compenser au moins*
la mise de fonds ; et qu'on ne perde pas de
vue que, dans le cas où tous ses enfants arrivent au partage, le capital qui est offert au

souscripteur est alors d'une haute importance.

On voit que, par ce procédé, la CAISSE DE SUR-
VIE, qui constitue à elle seule un mode d'assurance éminemment avantageux, peut devenir,
ainsi combinée avec d'autres opérations, un
moyen de diminuer les chances de perte tout en
augmentant sensiblement les chances de gain.

Nous avons cherché à faire comprendre par
une analyse succincte les combinaisons sur lesquelles repose la caisse dotale, et les opérations
qui s'y rattachent, et nous espérons avoir réussi.
Il nous reste maintenant à les juger.

Nous avouons sans peine que le mode des assurances et surtout celui des assurances sur la
vie est fécond en *avantages positifs* pour les masses ;
que cette fructification aux dépens de ceux qui
n'existent plus et au bénéfice de ceux qui, survivants, sont exposés à tous les besoins de la vie,
est éminemment profitable. Nous nous plaisons
à accorder que la CAISSE DOTALE, créée par la BAN-
QUE PHILANTHROPIQUE , présente à un haut point
tous ces avantages ; mais si les assurances sur la

vie, ou quelques-unes de leurs applications particulières, devaient concourir à introduire dans
le peuple des habitudes mauvaises ou à lui faire
contracter des vices nouveaux, nous déclarons
hautement qu'il ne faudrait tenir aucun compte
des avantages pécuniaires de ces sortes de combinaisons, et qu'on devrait les rejeter à cause de
leurs conséquences immorales; voyons si l'on a
ici ce danger à craindre.

C'est une vérité dont il faut convenir, que si
l'opulence enfante quelques vices, la pauvreté
en fait naître bien davantage encore. Cette vérité
s'explique tout naturellement; l'opulent et le
pauvre sont placés en effet entre deux séduc-
tions auxquelles il est difficile de résister, celle
du pouvoir et celle du besoin. L'homme aisé seul
n'a à obéir ni à l'aiguillon des passions, d'autant
plus puissant qu'on peut les satifaire, ni à la
voix du besoin ; seul il se trouve dans cette position où une force morale ordinaire peut suffire ; nous savons que ces idées répugnent aux
natures généreuses qui voudraient établir une

compensation entre la richesse et la vertu , et constituer ainsi une sublime égalité , ou pour mieux dire la supériorité du pauvre. Mais nous croyons être dans le vrai.

Il y a non-seulement à Paris, mais dans la plupart des villes de France (et ces villes comprennent une partie importante de la population) une classe de jeunes filles qui , abandonnées de bonne heure à elles-mêmes, pauvres et vivant avec peine du travail de leurs mains, n'ont pas souvent, privées de toute direction , assez de force pour résister aux tentations de la misère et du plaisir ; bientôt sorties des exigences sociales, elles sont obligées de se vouer à un célibat éternel, heureuses quand , par une destinée fatale, elle ne tombent pas dans la dernière dépravation.

Pour se convaincre de la vérité de nos paroles, il ne faut que consulter les tables des naissances et des mortalités pour toute l'étendue de la France, et leur demander avec bonne foi les enseignements qu'elles renferment.

Les villes de plus de 5,000 âmes contenaient, en 1836, une population de 5,647,000 individus.

Le tableau des naissances pour les chefs-lieux de départements et de sous-préfectures donnent pour résultat, 80,000 naissances de filles, dans lesquelles les enfants naturels sont représentés par le chiffre de 17,800.

Si nous prenons les filles de dix générations (de quinze à vingt-cinq ans) nous trouvons 800,000 jeunes filles dans les villes, et parmi elles 178,000 enfants naturls.

Il est vrai que ces nombres doivent être réduits de moitié à cause des mortalités qui sont survenues dans les générations arrivées à ces âges. Mais on peut donc conclure qu'il y a maintenant dans les villes, en France, une population de 400,000 jeunes filles de quinze à vingt-cinq ans, dans laquelle sont compris 89,000 enfants naturels.

On peut affirmer que la presque totalité de ces dernières est exposée à tous les dangers dont nous parlons, car la tache qui a présidé à leur naissance les a exposées à l'abandon, à la privation de toute culture, et enfin à la pauvreté.

Nous sommes autorisés sans doute à classer le quart des 316,900 jeunes filles légitimes qui restent, c'est-à-dire 79,900, dans les rangs inférieurs de la société, où accablées de besoins, elles sont souvent privées des moyens de les satisfaire.

Il y a donc, dans les villes seulement, une population de 168,000 jeunes filles pauvres qui se trouvent dans la position difficile dont nous nous occupons, et pour lesquelles la garantie d'une certaine aisance est non pas un avantage, mais un impérieux besoin, si nous interprétons, d'une manière fort modérée sans doute, les tableaux officiels de la *statistique de la France*, publiés en 1837, par le ministre des travaux publics. Et en ne tenant compte que de la population des villes, nous sommes certainement restés bien au-dessous de la vérité, et nous n'avons pas obtenu le chiffre réel de toutes les jeunes filles qui trouve-

raient dans les institutions de prévoyance la
garantie *de leur moralité* et *de leur bonheur ;*
car nous lisons dans le livre de M. Parent-Duchâtelet que, dans les quinze années écoulées
depuis 1816 jusqu'en 1831, le vice public et en-
registré à la police, pour la ville de Paris, a en-
glouti 12,200 existences de femme, et que,
sur ce nombre, la *fourniture* des campagnes,
comme dit si naïvement l'auteur de ce livre,
s'est élevée à 3,460 ; ce chiffre autoriserait donc
à supposer que la population des campagnes,
qui correspond, pour sa position sociale et pour
ses besoins, aux 168,000 jeunes filles que nous
avons trouvées dans les villes, peut être portée,
sans exagération, à 66,500.

Un autre renseignement, que nous donnerons
sans commentaire, prouve à lui seul combien
sont utiles les institutions de prévoyance appliquées à l'âge où la pauvreté prête aux passions
un si puissant et un si déplorable appui. Les enfants naturels, nés en France pendant l'année
1835, s'élèvent à 74,700.

Que de souffrances affreuses révèle un semblable état de choses ! combien de jeunes filles se préparent une vieillesse pleine de douleur et de honte ! Et cependant c'est pour nous une conviction profonde que ces jeunes filles n'ont suivi une voie si funeste que parce qu'elles ont été privées à la fois de la direction qu'une famille aisée eût pu leur donner et du pécule qui les eût aidées à soutenir leur part du fardeau de la famille, et eût convié auprès d'elles des hommes, que la crainte de succomber sous le poids du ménage a peut-être seule arrêtés.

Cette conviction, déjà ancienne pour nous, a été pleinement confirmée par le magnifique travail de M. Parent-Duchâtelet (*de la Prostitution dans la ville de Paris considérée sous le rapport de l'hygiène publique, de la morale et de l'administration*). Ce livre, malgré son titre, devrait être dans les mains de toutes les mères de familles ; celles que la fortune et l'éducation ont placées au rang des heureuses du monde, y désapprendraient peut-être un mépris souvent cruel

qu'elles remplaceraient par une douce et bienfai-
sante pitié, et celles qui sont privées des ressources de l'aisance se convaincraient qu'une éducation prévoyante donnée à leurs enfants peut seule
garantir la pureté de leur famille et de leur nom.

On trouve, à chaque page de ce livre, la preuve
incontestable que les vices sont dans la grande
majorité des cas engendrés par la misère, ou par
le défaut complet d'instruction, qui est lui-même
une conséquence de la pauvreté.

 » Les prostituées qui arrivent des départe-
 » ments, » dit l'auteur, « appartiennent, comme
 » celles de Paris, aux familles les plus pauvres et
 » les plus ignorantes. »

Il a fait sur 12,571 inscriptions à la police des
recherches minutieuses tendant à lui faire connaître le degré d'éducation des filles publiques,
et, à défaut de bases plus certaines, il a considéré
comme complétement ignorantes celles qui ne
savaient pas signer, comme n'ayant reçu qu'une
éducation avortée, celles dont la signature était
écrite avec peine et illisible, et enfin comme par-

venues à un point plus élevé de culture intellectuelle, celles dont les signatures étaient bien
tracées. Il a obtenu les résultats suivants.

N'ont pu signer. . . . 6,929.
Ont signé, mais fort mal. . 4,697.
Ont bien signé. . . . 222.
N'ont pas fourni de rensei-
gnements . . . . . 723.

12,571.

Si l'on veut savoir maintenant à quelles causes M. Parent Duchâtelet attribue la prostitution on verra qu'il est parfaitement d'accord avec
les pensées que nous avons exprimées plus haut.

« La misère, » dit-il, « poussée souvent au
» degré le plus affreux, est une des causes les
» plus actives de la prostitution. Que de filles
» abandonnées de leur famille, sans parents, sans
» amis, ne pouvant se réfugier nulle part, sont
» obligées de recourir à la prostitution pour
» ne pas mourir de faim ! Une de ces malheu-
» reuses, susceptible encore de sentiments d'hon-

» neur, lutta jusqu'à la dernière extrémité avant
» de prendre un parti qu'elle regardait comme
» extrême, et lorsqu'elle vint se faire inscrire,
» on acquit la preuve qu'elle n'avait pas mangé
» depuis trois jours. »

Plus loin l'auteur confirmant et développant ce
qu'il vient d'avancer, ajoute encore :

« De toutes les causes de prostitution, particu-
» lièrement à Paris, et probablement dans les
» autres grandes villes, il n'en est pas de plus
» active que *le défaut de travail et la misère,*
» suite inévitable de salaires insuffisants que ga-
» gnent nos couturières, nos lingères, nos ra-
» vaudeuses, et, en général, toutes celles qui
» s'occupent de l'aiguille? Que l'on compare le
» gain des plus habiles avec celui que peuvent
» faire celles qui n'ont que des talents médio-
» cres, et l'on verra *s'il est possible à ces dernières,*
» *de se procurer le strict nécessaire;* que l'on com-
» pare surtout le prix de leur travail avec celui
» de leur déshonneur, et l'on cessera d'être sur-
» pris d'en voir un si grand nombre tomber

» dans un désordre pour ainsi dire inévitable.

» Cet état de choses tend malheureusement
» à s'accroître dans notre société actuelle, par
» suite de l'usurpation faite par les hommes,
» d'un grand nombre de travaux qu'il serait plus
» convenable et plus honorable pour notre
» sexe de laisser dans le domaine de l'autre.....

» On se demande, en voyant ces tristes résul-
» tats, si la société s'est assez occupée du sort des
» femmes, cette partie d'elle-même si digne de
» sa sollicitude et qui exerce une si grande in-
» fluence sur tout ce qui regarde le mécanisme
» d'un état. Quant à moi je ne le pense pas ;
» je crois que, sous ce rapport, il nous reste à opé-
» rer un grand nombre d'améliorations. Ces ma-
» tières sont difficiles à traiter ; mais elle sont im -
» portantes et me semblent aussi dignes de l'ami
» de la religion et des mœurs, que des médita-
» tions de l'homme d'état.

» On aura peine à croire que la carrière
» de la prostitution ait été embrassée par cer-
» taines femmes, comme moyen de remplir les

» devoirs que leur impose leur titre de fille
» ou de mère ; rien cependant n'est plus vrai.
» Il n'est pas rare de voir des femmes mariées
» abandonnées ou privées de leur mari et, par
» conséquent , de tout soutien, devenir pro-
» stituées, dans l'unique dessein de ne pas lais-
» ser mourir de faim une famille nombreuse. Il
» est plus commun encore de trouver des jeu-
» nes filles, qui, ne pouvant trouver dans le tra-
» vail les moyens de pourvoir aux besoins de
» leurs parents vieux et infirmes, font le soir le
» métier de prostituées, pour compléter ce qui
» leur manque. J'ai trouvé trop souvent des notes
» particulières sur ces deux classes de prostituées,
» pour n'être pas convaincu qu'elles sont, à Paris,
» plus nombreuses qu'on ne pourrait le croire. »

On aime à entendre ces bonnes et bienveil-
lantes paroles sortir de la bouche d'un homme
de bien, d'un homme que sa spécialité toute
scientifique et ses études profondes, mettent à
l'abri de tout reproche d'utopie et d'illusion, et,
en les entendant, on espère voir bientôt, grâce aux

établissements de prévoyance, se cicatriser une plaie qui saigne encore si douloureusement.

Enfin il résume, par un tableau de chiffres, les diverses causes qu'il a données à la prostitution *misère, paresse, vanité et débauche*. Voici les résultats généraux de ce tableau :

Excès de la misère, dénument
absolu . . . .   1,441.

« Perte des pères et mères,
» expulsion de la maison
» paternelle, abandon com-
» plet, » c'est-à-dire enco-
» re misère. . . . .   1,255.

» **Pour** soutenir des parents
» vieux et infirmes, » mi-
» sère toujours. . . . . .   37.

» Aînées de familles n'ayant ni
» père ni mère pour élever,
» leurs frères et sœurs et
» quelquefois des neveux
» et nièces, » misère. . .   29.

A reporter. . .   **2,762.**

D'autre part. . . 1,441.

» Femmes veuves ou aban-
» données, pour élever une
» famille nombreuse. . . .   23.

» Venues de province pour se
» cacher à Paris ou y trou-
» ver des ressources. . . .   280.

» Femmes abandonnées par ceux
» qui les avaient séduites. . 2,118.

―――――――

5,183.

Ces redoutables lois s'appliquent également aux nations et aux individus. Les peuples aisés ont seuls connu les joies de la famille, et il suffit de savoir qu'une nation végète dans la misère ou ne possède qu'une civilisation bâtarde et nomade, pour en conclure que les mœurs y sont relâchées, que les obligations de famille n'y ont aucune force.

Et ici nous invoquons encore le témoignage du savant auteur que nous avons cité plus haut. Voici à cet égard comment il s'exprime : « Faut-il

» attribuer la prostitution à l'extrême civilisa-
» tion où nous sommes arrivés ! En n'examinant
» que les détails qui précèdent, cette opinion
» pourrait être soutenue; mais si nous reportons
» nos souvenirs vers les temps anciens et sur
» la barbarie du moyen âge, nous y trouvons
» partout les traces de la prostitution ; il en
» sera de même si nous consultons les voya-
» geurs modernes qui ont pénétré dans les par-
» ties les plus reculées de l'Afrique et de l'Amé-
» rique, où la civilisation est à peine ébauchée ;
» partout ils y ont vu pulluler les prostituées,
» ainsi qu'on peut s'en assurer en consultant
» la relation que M. Auguste de Saint-Hilaire
» vient de faire de son voyage dans l'intérieur
» du Brésil ; nul doute que notre état social
» ne soit pour beaucoup de filles la cause de
» leur perte; mais ce même état social procure
» à d'autres des ressources qu'elles n'auraient
» pas sans lui, et qui leur permettent de con-
» server leur honneur et de pratiquer les règles
» de la vertu. »

Chez les peuples où cet individualisme brutal, cet affranchissement sauvage des liens de la famille est en quelque sorte légal ou traditionnel, l'inconvénient ne se manifeste que par le plus ou moins de bonheur individuel ; mais lorsque les lois politiques et morales commandent ces liens et punissent ceux qui s'en affranchissent, c'est rendre, à notre sens, un service éminent, à tous dans l'intérêt de l'exemple, à chacun pour son propre bonheur, que de donner aux jeunes hommes et aux jeunes filles les moyens pratiques de se conformer aux obligations qui leur sont imposées. Dans notre conviction la Caisse Dotale atteint parfaitement ce but.

La Caisse Dotale tend donc à favoriser et à faciliter les mariages, mais elle n'a pas voulu les hâter en deçà du terme où les jeunes gens des deux sexes sont capables de conduire une famille et d'élever des enfants, de l'âge auquel le mariage est un besoin à la fois moral et social, et au delà duquel il n'est le plus ordinairement qu'une

spéculation étrangère à l'objet réel qu'il se pro-
pose.

Non seulement le produit de la CAISSE DOTALE
est une récompense à celui qui fait bien, mais
c'est aussi un secours à celui qui a besoin,
puisque évidemment l'époque à laquelle une
somme d'argent est le plus nécessaire est
celle à partir de laquelle commence pour
l'homme et pour la femme une vie toute nouvelle, une existence en quelque sorte complexe,
existence individuelle, existence de père, existence de citoyen à la fois.

Nous avons vu, dans notre premier chapitre,
comment l'*Institution dotale* avait déjà tenté de
mettre en pratique les considérations que nous
venons d'exposer ; la BANQUE PHILANTHROPIQUE
a repris l'œuvre de l'Institution Dotale, mais
en y apportant les progrès que le temps avait
permis de méditer.

Nous n'insisterons que sur un point qui nous
a semblé important, c'est que le produit de la
mise appartient au souscripteur, et non à l'assuré

à la Caisse Dotale, à la Caisse de Prévision et à la caisse de survie, la Banque Philanthropique a vu dans cette condition de la police un puissant moyen d'influence des pères sur les enfants, auxquels ils promettent le profit de leur assurance comme la récompense de leur travail, de leur économie et de leur bonne conduite.

CHAPITRE VII.

DE L'INSOLVABILITÉ.

Cette objection qui semble sérieuse au premier abord, n'a pas de
solidité. — Principes généraux du crédit des assurances. — Temps
nécessaire aux poursuites. — Poursuites inévitables. — Mutualité
des insolvables.—Examen des sociétaires de la Banque Philanthropique. — Solidarité des associés d'une même famille. —
résumé.

Nous avons souvent entendu faire contre la
Banque Philanthropique une objection qui, au
premier abord, ne semble pas sans fondement,
et qu'on est assez disposé à admettre lorsqu'on
ne sait pas que la Banque Philanthropique l'a-
vait prévue d'avance, et qu'elle a pris tous les
moyens que la prudence lui pouvait suggérer,
afin d'ôter toute importance aux inconvénients

que cette objection réveille. Nous voulons parler de la crainte éprouvée par quelques pères de famille, que les souscripteurs de mises à terme, arrivés au moment d'en faire le versement ne trouvent le moyen de se soustraire aux engagements qu'ils ont contractés, lorsqu'ils n'auront aucun intérêt à les remplir.

Le non-recouvrement de ces mises constituerait en effet dans les masses des déficits qui ne pourraient que diminuer beaucoup le produit que les lois de la probabilité promettent, si de telles insolvabilités étaient à craindre.

Nous avons mûrement étudié cette question, difficile il faut le dire, et il est résulté pour nous la conviction que l'objection faite à la Banque Philanthropique n'avait pas de fondement.

Dans un document récent dont nous avons pu prendre connaissance, le directeur général de la Banque Philanthropique a exposé avec une grande justesse et une heureuse lucidité, les principes généraux de la matière. Nous le laisserons parler pour un instant.

« Un principe fécond, » dit-il, « et qui est en-
» core tout nouveau dans son application, a mis
» promptement la Banque Philanthropique,
» au-dessus de tous les établissements du même
» genre. Ce principe est celui du crédit des
» assurances et des facilités de paiements accor-
» dées aux souscripteurs.

» Quelques esprits étroits, sans avoir suffi-
» samment examiné une si vaste question, ont
» repoussé de toute leur puissance, et comme
» une chose dangereuse, le crédit des assurances.
» Mais ces mêmes esprits qui rejetaient l'assu-
» rance à terme, dans la forme où la Banque
» Philanthropique la présentait à ses assurés,
» la soutenaient comme une chose morale, sous
» la forme adoptée par les caisses d'épargne,
» par les assurances sur la vie, constituées en
» compagnies commerciales, qui donnent aux
» héritiers une somme acquise par leur auteur,
» en accumulant des *primes annuelles*.

» C'est un crédit fort peu dangereux que
» celui accordé à un assuré, lorsque ce dernier

» s'engage à payer une prime légère, l'année
» qui suit sa souscription. Mais le crédit ne
» s'arrête point à une année, et beaucoup de
» compagnies d'assurances acceptent les enga-
» gements de leurs assurés, pour trente ans, et
» l'on peut dire que, pour la dernière prime,
» il est accordé à l'assuré trente années de dé-
» lai.

» On a bien vu souvent les primes d'assu-
» rances n'être pas payées, cependant l'intérêt
» de l'assuré dans une affaire semblable est tel,
» que l'on ne peut concevoir des craintes bien
» vives sur l'avenir des sociétés, qui accordent
» de si longs crédits à leurs assurés. Toute com-
» pagnie bien administrée ne périra pas pour
» avoir accordé des crédits aussi longs à ses
» sociétaires, et les associations mutuelles qui
» ont été forcées de se dissoudre faute de pou-
» voir opérer leurs recouvrements, avaient un
» vice d'organisation intérieure.

» Les compagnies particulières ont toujours
» trouvé dans les déchéances qui sont la condi-

» tion expresse de toute prime d'assurance non
» liquidée, une ample compensation au déficit
» que les longs crédits leur apportaient. »

Après avoir ainsi considéré dans le principe même le crédit des assurances, il nous faut l'étudier dans les rapports d'application avec la Banque Philanthropique. Les lignes que nous avons citées ont abrégé notre tâche, car elles ont dû convaincre le lecteur qu'il ne fallait plus, pour rendre les *mises à terme* aussi avantageuses dans la pratique qu'elles sont irréprochables dans la théorie, qu'une prudente habileté, qu'une connaissance intime des ressources de la mutualité qu'on ne saurait refuser, après tout ce que nous avons vu déjà, au fondateur de la Banque Philanthropique.

Cet établissement oppose un moyen puissant à la crainte des insolvabilités. Ses statuts, en effet, fixent le paiement des mises à terme à la quatrième année avant la *répartition*, et une telle mesure pare à tous les inconvénients.

On ne peut douter que ce temps ne suffise

pleinement pour exiger par les voies légales le paiement des mises non versées à l'époque de l'échéance, et ces mises seront fort rares, puisque tous les souscripteurs s'empresseront de verser, s'ils ont l'espoir de faire valoir des droits à la *répartition*, quoique ces droits puissent s'évanouir pour beaucoup d'entre eux dans une période de quatre années.

Les *insolvables*, mais les vrais insolvables qui n'ont pas d'argent pour payer et auxquels la justice elle-même n'en saurait faire trouver, seront donc *seuls*, mais seront *tous* affranchis du paiement de leurs dettes.

Et qu'on n'objecte pas que ceux d'entre eux qui auront des droits à faire valoir emprunteront le montant de leurs mises. Qui prêterait de l'argent à un homme *insolvable* quand la chance du remboursement ne repose que sur des produits qui peuvent s'éteindre chaque jour pendant quatre années consécutives?

Sans doute, dira-t-on, chaque mise pourra être recouvrée, si le souscripteur est véritablement solvable, puisque le temps accordé pour les poursuites suffit pleinement à tous les incidens possibles, mais ces poursuites seront-elles faites? L'administration de la Banque Philanthropique, désintéressée dans les masses de répartition *mutuelle*, fera-t-elle des dépenses et des démarches pénibles pour arriver au recouvrement intégral des masses?

Si la Banque Philanthropique était réellement désintéressée, cette objection ne serait pas réfutable. En effet, si la société n'a rien à gagner en poursuivant le paiement des souscriptions, si elle a, au contraire, tout à perdre, si elle ne doit y trouver que dépenses et peines, il est clair que l'on peut, à bon droit, douter que les poursuites soient jamais faites, et alors la question redeviendra ce qu'elle était d'abord. Ceux qui n'auront pas intérêt à payer, ceux qui seront certains d'avoir perdu tous droits à la répartition, échapperont facilement aux obligations qu'ils auront contractées. Mais dans l'institution dont nous nous occupons, il n'en est pas ainsi.

La Banque Philanthropique suffisamment rému-
nérée, a au contraire le plus puissant intérêt à
rendre complètes les masses de répartition. Elle reçoit au moment du partage 5 p. 0[0 sur ces masses, et une semblable prime répondrait de son
zèle et de son activité, quand bien même la moralité de ses administrateurs n'en répondrait pas.

Que l'on considère en effet les succès déjà
obtenus par la Banque Philanthropique. 15 millions de souscriptions ont été engagés entre ses
mains, et la constituent créancière pour les sou-
scipteurs d'une somme de 750,000 fr. puisque
ces quinze millions formeront un jour des masses
de répartition. Si, au contraire, les recouvrements n'étaient pas faits, la Banque Philanthropique, qui ne peut prélever la prime qui lui est
allouée que sur les masses dans l'état où elles
se trouvent, la verrait diminuer à chaque déficit. Qu'on juge maintenant du soin que cette
institution devra mettre à s'assurer une semblable créance, qu'on dise s'il est possible de
douter un instant de sa bonne volonté.

Ainsi, les mises pourront toujours être recouvrées sur les souscripteurs réellement solvables, elles le seront toujours, car l'intérêt de la Banque Philanthropique répond du zèle qu'elle mettra dans ses poursuites, de telle sortes que les débiteurs réellement *insolvables* feront seuls défaut à la masse.

Or, s'il se rencontre des *insolvables* parmi les assurés qui auraient eu droit à la répartition, aussi bien que parmi ceux qui n'ont aucun bénéfice à espérer, il ne pourra pas y avoir perte pour la masse; et il est évident qu'il s'en trouvera, puisque les insolvabilités étant, comme nous l'avons prouvé, *réelles* et non pas frauduleuses, on ne saurait prétendre que le hasard placera tous les insolvables précisément dans le nombre des souscripteurs dont les assurés n'ont pas rempli les conditions imposées par la police. On peut dire même dans quelle proportion ces insolvables seront répartis sur les *gagnants* et les *perdants*. Le rapport sera, en effet, égal à celui des *gagnants* et des *perdants* eux-mêmes. Or, ils sont dans la Caisse de Survie, comme 1 est à 2, puisque la mise est doublée ; et dans les autres Caisses environ comme 1 est à 8, c'est-à-dire que sur huit assurés, un seul se trouve dans les conditions prévues par les statuts pour arriver au partage de la masse, de sorte que le bénéfice, huit fois plus considérable que la mise à la naissance , se compose de la somme fournie par celui-là même qui le recueille plus de sept parts égales versées par des assurés déchus de leurs droits.

Mais on comprend que le souscripteur d'un assuré qui a rempli toutes les conditions imposées par la police, perd néanmoins tous les droits qn'il aurait pu faire valoir s'il n'a pas lui-même fait honneur à l'engagement principal , s'il n'a pas acquitté la somme par lui souscrite. La *déchéance* qu'il encourt fait donc exactement compensation au déficit qu'éprouve la masse par l'insolvabilité de sept assurés qui n'ayant pas droit à venir aux partages, auraient abandonné leurs mises à leurs coassociés, puisque ces sept mises auraient été recueillies par lui, et que son défaut de paiement l'en prive.

On voit donc qu'en appliquant ici les lois de la statistique et du calcul , et ces lois sont toujours applicables quand on agit pour de grands nombres , les insolvabilités se compensent et forment entre elles une véritable *mutualité négative* qui est la sauve-garde de la masse. On voit par conséquent que les insolvabilités ne peuvent pas être redoutées.

Et puis il y a dans les statuts de la BANQUE PHILANTHROPIQUE une garantie puissante, c'est celle qui est offerte à la masse par la faculté donnée à chaque sociétaire de verser par à-compte et d'avance tout ou partie de sa mise, cet à-compte produisant des intérêts imputables sur le total de sa dette. Cette disposition doit être considérée comme propre à faire disparaître le plus grand nombre de cas d'insolvabilité ; car le fait répond ici parfaitement aux calculs, et déjà beaucoup de souscripteurs se sont empressés de commencer leurs paiements ; plusieurs ont soldé tout à fait, même après la mort de leurs enfants, et quand ils avaient plus de dix ans pour se libérer. Ces faits sont un puissant argument, et l'on ne peut contester leur éloquence.

Les répartitions qui ont été déjà faites doivent encore rassurer sur les dangers de *l'insolvabilité*, puisqu'elles démontrent que ces dangers sont illusoires.

La répartition de 1834, par exemple, comprenait des jeunes gens assurés depuis plus de deux ans, quelques-uns se sont trouvés dans des cas d'exclusion survenus depuis leur assurance, et cependant cette circonstance n'a pas empêché les souscripteurs de faire honneur à leurs signatures.

C'est qu'il y a sur les polices de la Banque Philanthropique d'honorables signatures. On y trouve de hauts fonctionnaires, des savants, des magistrats, des artistes, des négociants, des officiers de l'armée, des propriétaires. Les personnes comprises dans ces diverses classes formaient d'après un tableau publié par la Banque

Philanthropique le 31 mars 1838 un chiffre de 4433, quand le chiffre total des sociétaires montait à 9019, et nous ne pouvons dire pour combien figure dans ce chiffre les souscripteurs au comptant, qui pourtant sont nombreux. La moitié des sociétaires est donc composée d'hommes sur la solvabilité desquels on ne peut établir aucun doute. Et que l'on songe que je n'ai parlé que de la solvabilité qui résulte de la position de l'individu, et non de celle que l'on peut trouver dans son caractère particulier. Que l'on réfléchisse aussi que je n'ai pas compris dans cette liste les industriels, les cultivateurs, les employés, et tant d'autres qu'il ne faut pas pourtant rejeter légèrement dans la catégorie des gens sans aveu.

Mais quand bien même on ne tiendrait aucun compte de la bonne foi des contractants, quand bien même on n'aurait aucun égard à la probité des pères de famille, on se convaincra facilement au moins qu'indépendamment de toutes les mesures prises pour arriver au paiement, les souscripteurs *ont intérêt* à faire ce que *leur honneur* leur eût conseillé. La plupart, en effet, ont plusieurs enfants et les assurent tous ; ils sauront très-bien que, pour recueillir le bénéfice des assurances de leurs plus jeunes enfants, il leur faudrait verser plus tard une somme d'autant plus considérable, qu'ils seraient alors dans la nécessité de solder la dette la plus ancienne, avant de pouvoir imputer leur paiement sur les assurances à liquider.

Mais pour contester l'exact paiement des mises à terme, on est obligé de partir de deux principes qui paraissent être également faux. On soutient, d'abord, que *tout le monde est de mauvaise foi*, qu'un engagement n'est sacré qu'alors qu'on a un intérêt à le remplir et que personne *ne voudra payer*. Un tel moyen n'est pas soutenable ; et d'ailleurs, quelle que soit l'intention de l'engagé, il faudra bien qu'il paie puisqu'il a contracté un engagement. Aussi on ajoute : *tout le monde sera insolvable* personne *ne pourra* payer ; mais c'est encore une erreur, le nombre des insolvables est dans une proportion presque insensible avec le nombre des individus, et surtout avec celui des sociétaires de la BANQUE PHILANTHROPIQUE, ainsi que je l'ai prouvé tout à l'heure par l'examen de ces sociétaires. Ainsi, deux fois on prend l'exception pour la règle, et deux fois il faut revenir à la règle et abandonner l'exception.

Et cette exception même n'est pas tout entière au profit de ceux qui combattent les mises à terme ; car un mauvais débiteur ne fait pas souvent tort de sa dette intégrale, et il n'est guère de faillites ou de déconfitures, dans lesquelles un dividende aussi petit qu'on voudra ne soit offert aux créanciers.

Résumons donc en peu de mots ce que nous venons de dire, afin de ne laisser aucun doute sur des objections, qui n'arrêtent que ceux qui n'ont pas suffisamment étudié les combinaisons de la BANQUE PHILANTHROPIQUE.

Le temps laissé à cette institution pour poursuivre les débiteurs est suffisant, et les poursuites *pourront* toujours être dirigées avec fruit contre les souscripteurs solvables.

9

Elles le *seront* en effet, ici l'intérêt direct de la société gérante est une garantie puisssante.

Les insolvables seuls donneront lieu à un déficit, mais ils formeront entre eux une *mutualité* préservatrice pour la masse.

Après ces moyens qui sont directs et tout-puissants, viennent encore des *atténuations* dont on pourrait dire sans exagération qu'elles rendront les insolvabilités profitables aux masses.

Tels sont les à-compte versés par des souscripteurs déchus depuis, pour n'avoir pas acquitté intégralement leur dette.

La considération que mérite l'immense majorité des souscripteurs à la BANQUE PHILANTHRO-PIQUE.

L'obligation où se trouvera le père de famille qui aura assuré plusieurs enfants (et ils sont presque tous dans ce cas) de payer la souscription faite sur la tête de l'enfant déchu, afin de recouvrer le bénéfice produit par l'enfant plus heureux.

Les fractions de la dette qu'on obtiendra presque toujours des souscripteurs poursuivis, sans que pour cela ils jouissent de leurs droits au partage.

Il est donc incontestable que la crainte des *insolvabilités* est vaine, il est donc incontestable que les engagements seront toujours remplis, ou que la petite quantité de ceux qu'on ne remplirait pas ne pourrait apporter dans les répartitions que des perturbations avantageuses.

CHAPITRE VIII.

Les fonds des souscripteurs, convertis en rentes, *pour le compte des assurés à la Banque Philanthropique* ne peuvent être convertis sans l'autorisation notariée des censeurs, qui surveillent tous les mois la comptabilité. -- Toutes les opérations relatives aux souscripteurs, vérifiées par un conseil d'inspection, élu parmi les souscripteurs, et présidé par M. le duc de la Rochefoucauld de Doudeauville. - Jury d'examen, composé de 20 membres. — Il est tiré au sort parmi les souscripteurs, convoqués tous par les journaux ou par lettres. --- Il procède à la vérification des masses communes. — Il nomme le conseil d'inspection. — 11,000 sociétaires. — 15 millions de souscriptions.

Nous avons examiné, dans les chapitres qui précèdent, la valeur réelle des opérations d'assurances auxquelles les pères de famille sont appelés par la BANQUE PHILANTHROPIQUE à associer l'avenir de leurs enfants.

Il nous reste pour terminer notre travail à savoir quelle est la valeur de la BANQUE PHILANTHROPIQUE elle-même, c'est-à-dire, quelles sont les garanties qu'elle présente et quelle confiance elle mérite.

Quelque bonnes, en effet, que fussent les opérations créées par elle, leur utilité serait nulle si la société, sous la garantie et la gestion de laquelle on les contracte, n'était pas digne de la responsabilité qu'elle appelle sur sa tête. Nous sommes heureux d'annoncer qu'il n'en est pas ainsi, et que les combinaisons que nous avons expliquées ne sont pas moins sûres qu'avantageuses.

Les fonds versés par les souscripteurs à la BANQUE PHILANTHROPIQUE sont immédiatement convertis en rentes 5 p. %, immatriculées *au compte des assurés de la* BANQUE PHILANTHROPIQUE et ces inscriptions sont déposées dans une caisse à trois clefs, ainsi réparties :

Une clef entre les mains des CENSEURS *élus* par les commanditaires,

Une autre à l'un des membres du Conseil d'inspection *représentant les sociétaires* ;

La troisième au Directeur général.

Le gérant de cette institution ne peut convertir ces rentes et en vendre les inscriptions sans l'autorisation notariée des censeurs, suffisamment éclairés sur l'utilité qui se présente de faire la vente de ces inscriptions, et une opération de ce genre ne peut avoir lieu qu'aux époques des répartitions.

Les censeurs surveillent en outre chaque mois les opérations de la Banque Philanthropique, et s'assurent que tous les fonds ont été employés à l'usage qui leur était destiné. Les sociétaires eux-mêmes, c'est-à-dire les intéressés directs, sont appelés aussi à apporter leurs consciencieuses investigations sur la gestion de cet établissement.

Douze sociétaires sont élus par le Jury d'examen dont nous allons parler, et s'assemblent tous les trois mois, afin de contrôler les opérations de la Banque Philanthropique qui concernent spécialement les pères de famille dont ils sont les représentants ; ils portent surtout leur attention sur les transferts de rentes , et ont pour mission principale de veiller à ce que les fonds destinés aux répartitions ne soient réalisés qu'à l'époque où cette réalisation est nécessaire. Le Conseil d'inspection, car c'est ainsi que la Banque Philanthropique appelle la réunion de ces douze souscripteurs, est , pour l'année 1838, présidé par M. le duc de Larochefoucauld de Doudeauville, ancien ministre et pair de France.

Aussitôt que le travail de la répartition est achevé , l'administration convoque tous les sociétaires , et dans cette assemblée on tire les noms de vingt membres qui sont appelés à former le Jury d'examen. Ceux-ci vérifient , corrigent ou amendent, s'il y a lieu, le tableau de la répartition qui leur est présenté ; s'assurent, en faisant une investigation détaillée de la validité des polices, récépissés, certificats d'inscription et pièces justificatives de toute sorte , que chacun a exactement la part qui lui est due ; et autorisent le Directeur général à délivrer les mandats, sur le vu desquels sont payés les produits de la répartition.

Après cette opération, le CONSEIL D'INSPECTION dont nous avons déjà parlé, surveille l'exécution des dispositions arrêtées par le JURY D'EXAMEN, et les dirige, s'il est nécessaire.

Toutes ces formalités sont remplies sous la garantie du capital social de la BANQUE PHILANTHROPIQUE, qui répondrait de toute infraction aux volontés du JURY D'EXAMEN, et qui en répondrait d'autant plus sûrement, que les inscriptions de rentes qui le représentent, ne peuvent être vendues qu'après des formalités semblables à celles qui sont nécessaires pour la vente des inscriptions prises avec les fonds des sociétaires.

Et nous avons vu qu'outre un capital social, il y avait encore dans l'organisation de la BANQUE PHILANTHROPIQUE une garantie puissante. Nous voulons parler de 750,000 fr. que cette institution doit prélever sur les répartitions à mesure qu'elles auront lieu. C'est là, il faut l'avouer, un véritable capital social, dont la protection est d'autant plus efficace, qu'il est entre les mains des sociétaires eux-mêmes, et que tous les jours il se grossit avec les souscriptions nouvelles apportées dans les classes ouvertes. Qui pourrait croire que par une gestion mauvaise ou infidèle, la Banque Philanthropique compromît jamais une créance aussi importante? Ne voit-on pas d'ailleurs qu'en face de semblables intérêts, et entourée de toutes les restrictions et de tous les examens dont une administration est l'objet, une prévarication, si elle était possible, lui serait bien moins profitable qu'un gestion intègre.

Ainsi la Banque Philanthropique est gérée, on peut le dire, par les véritables intéressés. Jury d'examen pour arrêter les répartitions, c'est-à-dire les opérations en vue desquelles elle est constituée; conseil d'inspection nommé par cette assemblée générale des souscripteurs pour la remplacer pendant le cours de l'année. Voilà bien une véritable administration dont la société gérante n'est en effet que le moyen et l'instrument.

Il n'y a donc pas d'analogie entre une institution semblable et ces tontines remises aux
mains d'un agent qui en dirige à son gré l'action,
qui dispose des capitaux et de la répartition qu'il
convient d'en faire, qui enfin n'offre pas de garanties véritables, car la plus certaine est celle
qui résulte de la coopération même des intéressés, et elle est présentée dans toute la force
par la Banque Philanthropique, puisque, nous
le répétons ici, l'administration commanditaire
est tout entière soumise à l'action des sociétaires eux-mêmes, elle n'est que la main qui exé-
cute, ou, si elle peut être l'intelligence qui dirige,
*ce n'est qu'à la condition de suivre pas à pas la route
qui lui a été tracée dans son pacte fondamental ; si elle
en voulait sortir, elle y serait bientôt ramenée par un
conseil supérieur au sien.*

Nous l'avouons, les précautions prises par la
Banque Philanthropique pour rendre sérieuse
sa responsabilité et garantir les fonds des souscripteurs, nous auraient semblé suffisantes,
quand bien même nous n'aurions pas réfléchi

que les succès de cet établissement rendent toute malversation impossible ; que QUINZE MILLIONS de sommes déjà souscrites présentent pour lui des garanties de prospérité bien autrement importantes que toute fraude passagère qu'il ne pourrait cacher aux yeux qui le surveillent, quand bien même enfin nous ne connaîtrions la moralité des hommes qui sont placés à sa tête.

TABLE.

CHAPITRE I.

CHAPITRE II.

Placements sans aliénation de capital et avec capitalisation des
arrérages à 5 p. 0/0. — Sont rendus au déposant sur sa demande.
— Complètent la caisse d'épargne. — Utiles pour les cautionnements.

CHAPITRE III.

Assurance avec aliénation de capital et profit pour les survivants.
Cette caisse est mutuelle. — Définition et avantages de la mutualité. — La caisse de survie s'applique a tous les âges et aux
deux sexes. — Les mises sont au comptant ou a terme. — *Au
comptant*, le sociétaire paie en souscrivant. — *A terme*, il prend
l'engagement de verser sa mise 16 ans après son assurance. —
Le partage du fonds commun est fait entre tous les survivants,
10 ou 20 ans après l'assurance. — Produits. — Après 20 ans
(à terme) on a deux fois sa mise; après 10 ans (au comptant),
2 fois 1/2 sa mise; — après 20 ans (au comptant) 5 fois sa mise,

CHAPITRE VI.

Elle est mutuelle. — Divisée en *classes* distinctes par sexe. — La masse est partagée entre tous les sociétaires dont les assurés sont mariés à 24 ans pour les filles ; mariés ou ordonnés prêtres à 30 ans pour les garçons. — Mises à terme payées a 20 ans pour les filles , à 26 ans pour les garçons. — Les mises sont réglées dans cette caisse comme dans la précédente. — Produits : Pour 100 fr. à terme, souscrits à la naissance, 800 fr. environ. — Pour 100 fr. au comptant, souscrits aussi à la naissance, environ 1,700 fr. Contre-assurances sans aliénation de capital en cas de mort de l'assuré. — Explication de ces combinaisons. — De l'utilité de la caisse dotale. — De l'importance qu'il y a à doter les jeunes filles que leur pauvreté oblige au célibat. — Documents statistiques à l'appui.

CHAPITRE VII.

Cette objection, qui semble sérieuse au premier abord , n'a pas de solidité. — Principes généraux du crédit des assurances.—Temps nécessaire aux poursuites. — Poursuites inévitables. — Mutualité des insolvables. — Examen des sociétares de la **Banque Philanthropique.** — Solidarité des assurés d'une même famille, — Résumé.

CHAPITRE VIII.

Les fonds des souscripteurs, convertis en rentes, *pour le compte des assurés à la Banque Philanthropique* ne peuvent être convertis sous l'autorisation notariée des censeurs , qui surveillent tous les mois la comptabilité. — Toutes les opérations relatives aux souscripteurs, vérifiées par un conseil d'inspection, élu parmi les sonscripteurs, et présidé par M. le duc de la Rochefoucauld de Doudeauville. — Jury d'examen, composé de 20 membres. — Il est tiré au sort parmi les souscripteurs, convoqués tous par les journaux ou par lettres. — Il procède à la vérification des masses communes. — Il nomme le conseil d'inspection. — 11,000 sociétaires. — 15 millions de souscriptions.

IMPRIMERIE DE DUCESSOIS,
quai des Augustins, 55

et en envoyant l'ordre à Philippe de Valois de céder le trône à celui qu'il nommait l'héritier légitime (1339). Il créa le roi d'Angleterre vicaire-général de l'empire sur les bords du Rhin. Mais on découvrit bientôt que Louis, troublé par une excommunication qui durait depuis quatorze ans, avait prêté l'oreille aux propositions du roi de France, sur la promesse de le faire absoudre : ouvertures qui n'étaient qu'une ruse pour dissoudre une alliance hostile.

Impuissant au dehors, l'empereur s'affermissait au dedans. Il réunit la Basse-Bavière à son domaine après la mort de ses neveux (1339). Le gouvernement de la Haute-Souabe fut rétabli pour son fils Etienne. Louis, son autre fils, déjà margrave de Brandebourg, reçut le Tyrol en épousant Marguerite, princesse qui fit rompre son mariage avec un fils de Jean de Bohême (1342). Ces acquisitions, coup sur coup, achevaient de le perdre dans l'opinion ; la maison de Luxembourg, indignée de la perte du Tyrol, gagne le collége électoral ; au moment où l'empereur réunissait les quatre provinces de Hollande, de Zélande, de Frise et de Hainaut, le pape fulmine une dernière bulle de malédiction, et Charles, fils de Jean de Bohême, est proclamé par les électeurs (1346). Louis prenait des mesures habiles pour défendre sa couronne, quand il fut frappé d'apoplexie dans une partie de chasse (1347). C'est le dernier empereur qui mourut excommunié.

CCLXXV. *Charles IV le Bel* 1347. — Cette nouvelle victoire du pape et des électeurs portait à la couronne impériale d'irrémédiables atteintes. Charles-le-Bel avait capitulé aux pieds du saint-siége. Il n'avait rien d'un empereur que le titre. Et quelles conditions que celles d'annuler tous les actes de Louis de Bavière, de ratifier toutes les promesses de son aïeul Henri VII, de ne point mettre le pied en Italie sans la permission du pape, de ne demeurer à Rome qu'un seul jour, celui de son couronnement !

Charles IV les exécuta fidèlement. Il obtint la permission d'entrer en Italie. Les papes, abaissés à Avignon et impuis-